‧新店無極東華聖宮（公政型—東華帝君）
‧萬華金義殿（指揮型—紫微大帝）
‧板橋妙雲宮（智慧型—王禪祖師）
‧安坑潤濟宮（福星型—三官大帝）
‧萬華紫來宮（公關型—田都元帥）
‧石碇劉伯溫廟（宰相型—劉伯溫）
‧石碇伏虎廟（冒險型—虎爺）
‧三峽長福巖（貴人型顯性—清水祖師）
淡水青水巖（貴人型顯性—清水祖師）
（暗箭型—李鐵拐）
（金刀型—神農大帝）
德宮（金刀型—土地公）
‧松山慈惠堂（指揮型—瑤池金母）
‧內湖太陽堂（公政型—太陽星君）
‧臺北行天宮（財星型—關聖帝君）
‧臺北霞海城隍廟（宰相型—城隍夫人／桃花型—霞海城隍）
‧大龍峒保安宮（夫子型—保生大帝）
‧臺北市孔廟（學術型—孔子）
‧臺北市火聖廟（火電型—火德星君）
‧艋舺清水巖（貴人型顯性—清水祖師）
‧大溪普濟堂（美緣型—太陰星君）
‧四結福德廟（金刀型—土地公）
‧花蓮慈惠堂（指揮型—瑤池金母）

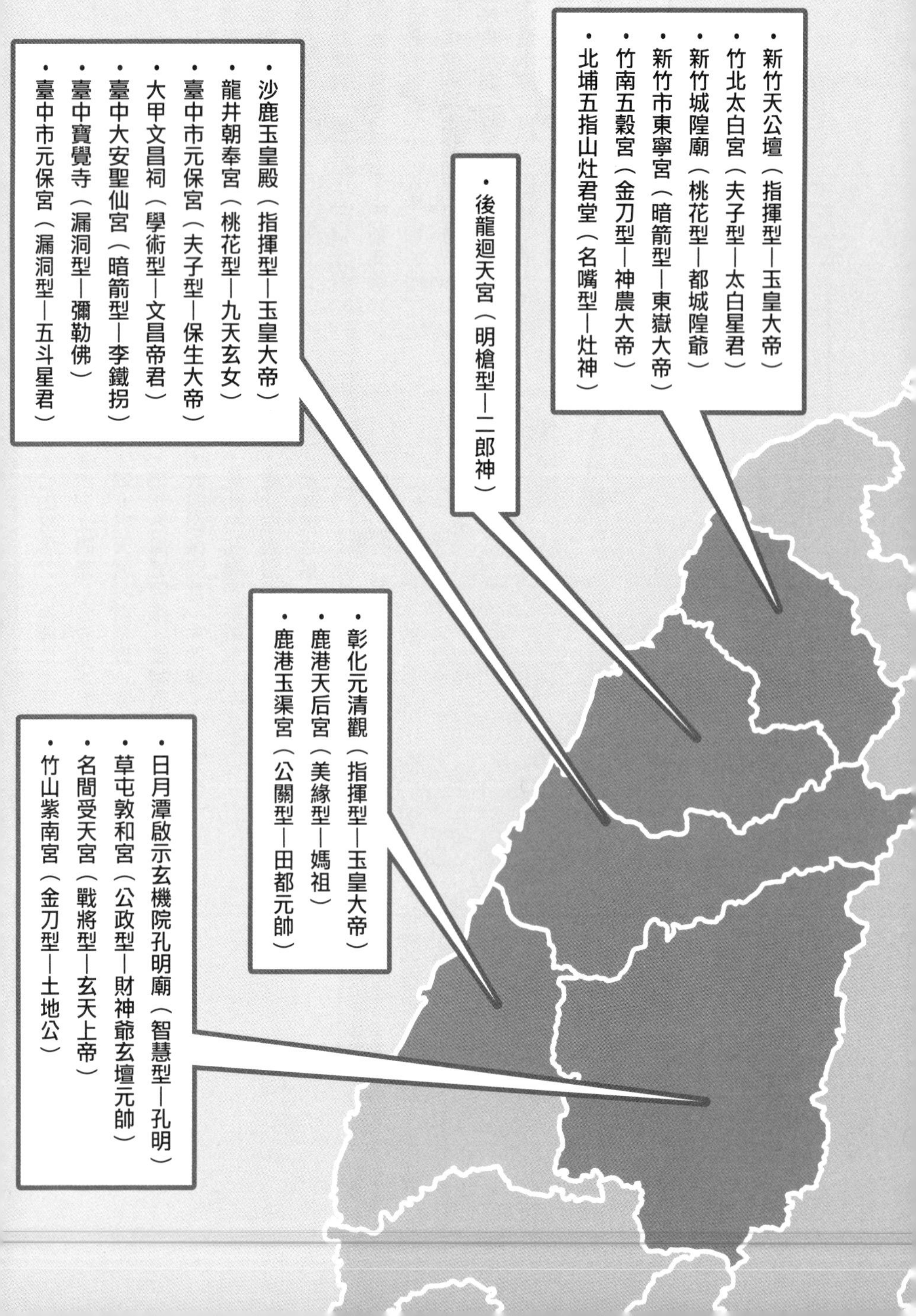
・新竹天公壇（指揮型—玉皇大帝）
・竹北太白宮（夫子型—太白星君）
・新竹城隍廟（桃花型—都城隍爺）
・新竹市東寧宮（暗箭型—東嶽大帝）
・竹南五穀宮（金刀型—神農大帝）
・北埔五指山灶君堂（名嘴型—灶神）
・後龍迴天宮（明槍型—二郎神）
・沙鹿玉皇殿（指揮型—玉皇大帝）
・龍井朝奉宮（桃花型—九天玄女）
・臺中市元保宮（夫子型—保生大帝）
・大甲文昌祠（學術型—文昌帝君）
・臺中大安聖仙宮（暗箭型—李鐵拐）
・臺中寶覺寺（漏洞型—彌勒佛）
・臺中市元保宮（漏洞型—五斗星君）
・彰化元清觀（指揮型—玉皇大帝）
・鹿港天后宮（美緣型—媽祖）
・鹿港玉渠宮（公關型—田都元帥）
・日月潭啟示玄機院孔明廟（智慧型—孔明）
・草屯敦和宮（公政型—財神爺玄壇元帥）
・名間受天宮（戰將型—玄天上帝）
・竹山紫南宮（金刀型—土地公）

找神

拜對正廟有緣神

宗教文學、文哲專欄作家　林金郎◎著

11 Mystery 找神！拜對正廟有緣神

作　　者　林金郎
封面攝影　郭肯德
美　　編　李緹瀅
特約編輯　謝孟希
主　　編　高煜婷
總 編 輯　林許文二

出　　版　柿子文化事業有限公司
地　　址　11677臺北市羅斯福路五段158號2樓
業務專線　（02）89314903#15
讀者專線　（02）89314903#9
傳　　真　（02）29319207
郵撥帳號　19822651柿子文化事業有限公司
投稿信箱　editor@persimmonbooks.com.tw
服務信箱　service@persimmonbooks.com.tw

業務行政　鄭淑娟

初版一刷　2014年12月
定　　價　新臺幣290元
I S B N　978-986-6191-67-1

歡迎走進柿子文化網　http://www.persimmonbooks.com.tw
粉絲團：柿子文化 — 小柿子波柿萌
～柿子在秋天火紅 文化在書中成熟～

國家圖書館出版品預行編目(CIP)資料

找神！拜對正廟有緣神 / 林金郎 作. --初版. -- 臺北市：柿子文化, 2014.12
面；　公分. -- (mystery；11)
ISBN 978-986-6191-67-1（平裝）
1.祠祀 2.祭禮 3.民間信仰

272.92　　103021416

推薦序

心靈革命的濫觴

學術肯定，終於出版

認識金郎以來，最欣賞的除了他博學多聞、創作力豐沛外，更難能可貴的是，他始終用現代與科學的觀念去重新架構、詮釋許多哲理方面的問題，並賦予它們理性的時代意義與運用價值，說這是一種「新運動」也不為過。這本書也維持他這樣的態度，探討的重要議題是：拜拜。

金郎從大學時代便浸淫漢族哲學，也一直希望在眾說紛紜又系統龐雜的信仰領域裡建立一套架構系統。

經過多年的研究，他的兩篇民俗信仰論文〈「道」的信仰與神明概念〉與〈天文、星君崇拜與星命學〉於民國九十七年發表於臺灣的權威雜誌《歷史月刊》七、十一月號，接著又以〈從關帝信仰演進談社會變遷中的宗教改革〉獲忠義文學獎，並發表於《歷史月刊》九十八年十二月號。因為受到專家的學術肯定，他才正式將這麼多年來在民俗信仰上研究的成果陸續發表於自由期刊、電子報以及若干報刊，接受社會大眾的檢驗，可見他治學的嚴謹。

正道信仰，新心靈

「拜拜」是一種宗教儀式，透過各種拜拜的儀式，信眾可以從「俗」進入「聖」的境界，或與「聖」的境界產生溝通交流，從而獲得淨化、救贖或滿願，但其前提必須是正道的信仰。對於拜拜，完全不信或是迷信，其實都不是好事。

金郎本身就是一位在佛學上有一定造詣的文學作家，在文壇頗受肯定，對於民間的信仰行為，他從善良與愛的角度去解析它。金郎從整個漢民族「道」的思想架構，去營建整個宗教體系，並再逐步加入信仰、民俗因素，除了完整、清楚地呈現漢民族的泛宗教架構，更使信仰成為一種「靈性」的活動，如書中說的：

「信仰」是一種「對自然謙卑」的情懷，它同時兼有善良、激勵和疼惜萬物的本質。我們不需過度沉迷神蹟，但應該接受正善力量的指引，如此一來，我們一定可以改變自己的命運，招來好運。

此外，金郎在紫微斗數上也頗有造詣與突破，不只《紫微大百科》被譽為是近代建立紫微斗數理論與架構最嚴謹的一本書，二〇一二年出版的《簡單住好宅》將陽宅分成十二種格局，除了依據事業屬性外，更可依據紫微主星來選擇自己適合的陽宅格局。同樣的，在本書中，金郎除了對神祇有嚴謹的架構和考證之外，也運用紫微斗數命宮或福德宮星曜的特性，來解析每個人的守護神，這不但是紫微領域的大躍進，也使這項民俗更增添了實用與樂趣的效果。

民族的大動脈，文化的靈魂

一般來說，大眾會從神祕或心理的角度來理解拜拜，學者則會從習俗的角度去探索，然而金郎關照的可不只有這三個面，本書最特殊的地方是他還帶領讀者參觀臺灣知名神祇的古蹟名剎，除了追溯祂們唐山過臺灣的歷史外，還呈現祂們來臺後生根、成長、自成一格的過程，並且說明先人如何將信仰與生活、教化、漢學融為一體，成為文化傳承的一種重要方式。此外，臺灣文化在日治時代遭受毀滅式的摧毀，但人民藉由宗教信仰的力量（如護廟、以廟宇作為反抗根據地）進行地下化或公然的抗爭，才能持續保有土地的歷史和內涵，這也說明了，宗教經常成為一個民族文化和精神最後的保存所和根據地！從這裡我們不難理解，宗教絕非只是拜拜的儀式，它同時更是民族的大動脈，流著文化的靈魂，所以正信信仰其實是新世代最不可忽略的功課！

我很樂見信仰能擺脫迷信、禁忌，透過學術化和現代化的方法而使它進入「新心靈」運動的層次，我也樂見這項漢民族特有的拜拜文化，能成為我們生活智慧的一部分。

——**蔡富澧**，名作家、資深編輯、宗教研究者，著有《佛教經典100句：法華經》等書

目錄

第一篇 認識你的守護神

第二篇 現代人文明拜拜

第三篇 神明由來與籤詩判讀

自序

心即神，神即心

有一天，我在一座廟宇裡看到一個奶奶帶著一個小孫女上香，稍微駝背的奶奶在祈求全家平安，而小孫女卻逗弄著一個巧虎布偶祈求巧虎平安。剎時，我是多麼感動！如果每個人都不是為自己而是為心愛的人著想，我們的世界會是什麼樣子呢？

後來我相信，神明會賜給她們更多的幸福和平安，因為她們很善良，或者說，這個幸福和平安是她們**自己給自己的**，神只是幫她們做了見證和力量的反照。又或者，她們的守護神不是別人，而是她們自己，或者是自己心愛的人，就如同《關聖帝君覺世真經》所言：「凡人心即神，神即心。」

二〇〇三年底，我有幸出版了《紫微很簡單》與《易經很簡單》兩本書，更幸運的是，這兩本書甫出版，便各進入金石堂書店暢銷書排行榜紫微類與易經類第一名，並在半年後陸續二刷、三刷，同時也收到很多前輩的推薦、讀者的賜教，許多學校及圖書館也都購為藏書，讓我深深感動。

接下來這些年，我一直致力在文學與哲學的耕耘，但文友或出版社來詢問的，卻大部分都是易理的問題，或許這個時代確實存在著一些令人頭痛的現象，讓人們有些迷惘。不過，令人可喜的是，讀者們大多很能接受我理性的哲學觀念，比方說，我從不認為命運是一種絕對的宿命，我們可以透過創造來改變一些先天的機率；又例如，當運勢不好時，透過正信的修行和信仰可以改變因果讓我們獲得平安，並不需要去借助一些鬼鬼神神的法術，一不小心反而引鬼入宅；再譬如，雖然風水存在磁場的力量，但一個小小的放大鏡就能聚光引火，我們又何需大興土木？況且大興土木後，帝王將相又有誰富過三代？

因此，只要觀念正確，信仰正道，在生活倫理中散發正向光大的磁場，**簡單生活中就能好運到**，還能增添一些情趣；如果觀念不對，汲汲營營也是一場空，甚至害了卿卿性命。

在這本書中，我將會探討，您的有緣神祇是哪一尊，適合經常結緣（包含東、西方的歷史聖人和傳奇神明）？除了從個性的角度分析，書中也利用人的事業屬性與紫微斗數「命宮」或「福德宮」的主星，來尋找適合自己的幸運神，這些神祇都是大家耳熟能詳、經常可以看見的神明，您可以在裡面選擇一尊與您有感應的神來多參拜。如果您沒有紫微命盤，在任何入口網站搜尋「紫微命盤」，就能找到免費下載命盤的網站了，祝福每個人都找到屬於自己的「好神」。

其實，神明是我們心靈的反射，和神祕境界因應人類的信仰心理而顯現的化身，也就是「心即神，神即心」，但一般人無法直接透視自己的內心，只好從信仰的層面著手，就善良風俗的層面，這並無傷大雅，甚至帶有民俗的樂趣，所以每個人或因地域、傳統、工作的關係，而**有自己拜神的對象**，也是一項健康的心靈活動，猶如科學昌明的科學國家也都虔誠信仰上帝一樣。但在此還是要再次強調：信仰要展現的是虔誠、慈悲、清靜、改變的心，而不是透過繁文縟節的儀式把問題都丟給神明，變成一隻逃避的鴕鳥。

從儒家的角度來看，信仰著重的是倫理，講究誠意、正心，以求能夠修身、齊家、治國、平天下；對佛家來說，透過信仰可以安定地審視自己的內心，發現內心的汙垢進而消滅它，終達明心見性的境界或到達無塵無染的淨土；對於初期道教而言，信仰是為了修命與修性以達到成仙的目的，但道教的思想現在也已經偏向修性，因為心性才是自由而真實的。

所以，正道的信仰不是一種迷信，而是一帖心靈良藥，透過「戒定慧」的修行，使人達到「定靜安慮得」的境界，不僅有助於個人與社會的進化，這個價值也不會因為科技進步而消失。相反的，科技愈發達，正道信仰便應該愈蓬勃，兩者平衡之下，才能預防人類的傲慢與大自然的反撲。

改變世界的科學巨人愛因斯坦年輕時曾因信奉科學而反對宗教，可是後來卻說：「自然的法則就是上帝的思想。」又明言：「我信仰斯賓諾莎的上帝（Baruch Spinoza，其泛神論認為神存在於自然界的一切事物中，即上帝等於宇宙和心的實體），當萬物處於自然規律的和諧狀態時，上帝自己會出現，上帝不是用來控制人類命運和行為的。」從這些話可以知道，科技與信仰乃相輔相成，而且，信仰不能淪為迷信。

確實，當信仰變成一種迷信或依賴，就不是一件好事，譬如過分強調用血食、香火來交換自己的利益，或過度沉迷用法術來消災解厄，結果耽誤事情解決的正途與時效，不但使自己沉淪，也讓事情惡化。

所以「新心靈」強調的是誠心、反省、慈悲、清靜的信仰，神明是我們的祖先、導師，傳授我們聖賢之說，督促我們不離正道，但祂不是主宰命運者，也不是降福降禍者，相反的，祂希望我們能改變命運、創造命運，建立人間淨土，而不是綁架、威脅、降禍我們。如果違反這樣的原則，很可能您信奉的已經不是神道，而是鬼道了，不得不慎。

本書結合正善的信仰，在寫作的時候，因為能夠浸淫在正道裡，所以我十分快樂！希望本書能給人精神上的法喜，是以為序。

——**林金郎**，二〇一四年孝親月

一切的開始

女兒讀小學時就一直問我：「世上有神和鬼嗎？」她還告訴我，她經常思考人是從哪裡來的？死後去哪裡？甚至想到很害怕。我並不訝異女兒有這種反應，因為我也是這樣（果然有其父必有其女），相信很多人應該也有同樣的疑惑。

要「證明」這個問題很困難，宗教不是科學，無法實驗證明，所以才稱「信仰」，它是建立在**「相信」**而不是「證實」，因此各大宗教說法各異，譬如基督教不認為有輪迴、佛教認為有輪迴。從漢族初始的殉葬儀式來看，當時人們應該是相信亡者會到另一個世界生活，是後來接受佛教觀念才開始說輪迴；其他諸如對天界、冥界、鬼界，三教的正統學說也都不同，譬如基督教認為人死後等待末日審判，故世間並無鬼魂（魔鬼則是變壞的天使），佛教認為鬼是六道輪迴中的一種族群，而道教則認為鬼是逃脫輪迴的孤魂……。

歷代以來，專心修練的賢人高士如此之多，累積千年修行經驗都說法各異了，現代人又何德何能，有個陰陽眼或靈媒體質就可給個「答案」？而我現在說的，也只是比較各教說法後，採取最能說服自己的講法，並非我有什麼特殊本事。

神存在嗎？

那終究有神嗎？一般人會從心理的或神祕的角度來談。從心理角度而言，他們認為神無非只是人類面對無知與徬徨時，所產生出來的具有萬能救贖力量的集體想像偶像。然而，各大宗教卻不這麼認為，他們都**承認**神的存在：基督教的上帝是「唯一真神」，但其他的大天使其實也都是人類認知中的神；佛教裡的佛、菩薩、緣覺、聲聞、天人，是人類認知中的神；道教裡的天神、地神，乃至有能力的大鬼是人類認知中的神。

綜合以上說法，我們大概可以這麼說，宗教界認為神是存在的，但神的形貌非人類一眼即能辨認，所以因為信仰心理不同，在當事人眼中便化現成不同的樣貌，有的看到大天使，有人看到菩薩，有人看到神明，無神論者則只單純看到光。

那麼，我認為有神嗎？我相信在人類生存的空間裡，有其他靈性生物存在，某些正善有能力的族群，我們稱之為「神」，而這當然也必須有個人經驗支持這個「相信」。

關聖帝君顯靈，腳傷膝痛不藥而癒！

我的兩條腿和膝蓋天生就極容易無力、疼痛，也很容易受傷，一九八四年初，在小金門新兵訓時被操到差點殘廢，但軍紀嚴厲，還是必須操練，只能咬牙苦撐，任雙腿日益瘸跛，膝蓋猶如火燒針刺。一天，野訓完畢用完午餐後，班長帶我們到一座關帝廟休息，眾阿兵哥疲憊極了，倒頭便睡，我則身心俱傷，滿懷憂鬱的向關聖帝君祈求：「學生（拜神時我一向自稱學生）今來服役，有報國的熱忱，但腳傷日益嚴重，恐將成殘，懇請關聖帝君保佑學生盡速復原，以便克盡護國義務！」

說完後我雙手合十，深深鞠了幾個躬，轉身時看到廟庭零亂，便拿起掃帚稍做清理，之後也因為疲憊而倚著牆壁睡著了。不知過了多久，班長喊集合的口令突然響起，我連忙起身，此時腳傷膝痛竟然不藥而癒，跑步匍匐也完全無礙，而且直到退伍都沒復發過！

另外，我有一個學生才小六，一天晚上突感極度胸悶、呼吸困難，於是前往醫院急診，誰知在醫院走廊上便暈厥了，經過一番急救與檢查後，才發現肺部有一個淋巴瘤，已經十二公分大了，而且因為缺氧傷及腦部，從此陷入昏迷，只能用鼻胃管餵食營養液。醫生認為，孩子無法進食，沒有體力，不能進行化療，否則反而加速戕害身體，但這樣拖延無異是坐以待斃，在拗不過家人的堅持下，醫生將化療劑量減半，死馬當活馬醫。

我每週兩三次前往探視，每次都和家人虔誠地唸經，請求佛菩薩慈悲救贖，誰知奇蹟竟然發生了，沒多久的時間，十二公分的淋巴瘤竟然消失了！醫生也恢復信心地說，只要孩子能醒過來自己進食，就可以挽回這條小生命。

諸多親身經歷讓我相信有一股神祕的力量存在，進而相信神祕界的存在，因為這些力量都超乎所謂的心理力量（我們不要過度渲染神祕的力量，同樣的，也不要過度渲染心理的力量，否則只是陷入另一個怪力亂神），問題是，要**如何看待**神祕界和祂們的力量？

神的能力有多大？

很多經驗支持我相信有某種定義為「神」的靈體族群存在，但我從來不鼓勵他人將神的能力無限上綱和過度依賴，以致延誤處理事務的理性時機，甚至排除科學方法只進行靈療！這依然可分成心理跟神祕兩方面來說。

退伍後沒多久，我的腳傷就又復發了，成為擾人的痼疾，而且隨著年紀的增長日益嚴重，甚至要每天抹藥，體檢時發現連骨骼肌發炎指數都偏高。這時母親跟我說：「何不再去請關聖帝君幫忙？」我說：「怎麼可以凡事去求神呢？」當初是因為身處困境，不得不請神幫忙，現在我有充分的時間可以就醫，如果還依賴神，那跟遇到問題就賴給父母的媽寶有什麼不同？如果父母不希望孩子變成一無是處的媽寶，神又怎會希望信徒變成沒有獨立能力和人格的人呢？何況，當大家都求神時，神究竟要幫誰？

當年女兒第一次基測時成績未臻理想，沒考上目標中的學校，於是我帶她去文昌廟拜拜，但我深知，如果女兒考上那所學校，那同時勢必有一個孩子要落榜，所以倘使女兒不是靠實力，而是靠拜拜考上，這跟特權關說有何不同？我們怎麼可以為了自己的孩子，就犧牲別人的孩子？試想，一個「正神」怎麼可能答應這樣損人利己的要求？我設身處地想，若有人來拜託我這件事，我會怎麼處理？我會告訴他解決問題、把事情處理好的方法，當然我會鼓勵他、給他信心，**絕不是直接給一個結果**，畢竟，要去解決問題的人終究是他，不是我，這樣才能培養他堅強的心志和能力。我想，神明也是如此吧！

拜完後我們又請了一個文昌符，回家後女兒覺得很安詳，也很有信心，一反之前的沮喪和無力，我便趁勢開始輔導她準備兩個月後的二次基測，結果女兒的PR值竟然進步了十二個百分點，也順利考上理想中的學校。

事後，當我再跟她談起此事時，她都會說：「我也很努力耶！」

而我會說：「沒錯，妳真的很努力，妳很棒，從這件事妳有沒有得到啟示？」

「我覺得，神對我很好，只要我努力，就可以達成目標！」

「沒錯，妳一定可以的！加油！」

以後段成績考上的女兒，經過了這次事件啟發，入學後竟然一直保持在班上前三名，並積極規劃日後的升學計畫，每次再到廟裡去感謝文昌帝君時，我都會說：「感謝文昌帝君讓女兒建立信心、體悟不放棄的真諦，這正是她人生路上最好的保佑！」

從心理的角度來看，人類本來就不應該過度依賴神，而喪失自己成長、體悟、挑戰、蛻變的機會，同樣的，「正神」也不會讓人予取予求，否則「愛」就會變成「礙」！就算從神祕的角度來看，神一樣**不是萬能的**！原始佛教經典記載，釋迦牟尼成佛後，因為前世因果的關係，多次受到外教的陷害，而且還受了「金槍一刺、馬麥三月、頭疼三日」的果報，所以說「佛力不及業力」，亦即——法力不及自然法則（把佛陀和上帝一樣絕對聖化和絕對能力化是後來的事，根本佛教裡佛陀是人性化的，會吃飯，會生病，較像耶穌，並不像上帝）。

同樣的，地球上的神是某種靈體族群，祂一樣是一種生靈，比人類高級，擁有更大的神通力，但一樣有其能力極限，我們不要把祂想得太法力無邊；而天上的神也一樣是生存在物理界中的靈體，所以同樣必須受限於自然法則。至於上帝、絕對聖化後的佛陀、玉皇大帝等等同宇宙本體的神，祂們代表的就是整個自然法則，祂們之所以萬能，是因為自然法則能讓宇宙運行、產生萬物，因而生生不息，而非能違背自然法則為所欲為。

我們總認為神是萬能的，可以移山倒海、破壞既定事實，殊不知這樣反而破壞了宇宙原本的平衡和運行規律，換來的後果是毀滅——只是強加拆開一個原子結構，就可以產生原子彈爆炸的能量，何況違反天律！所以，「神明萬能、有求必應」是人類自己**企圖營造**一個萬能的神來幫自己解厄的想法，卻沒想到，「正神」的職責不是管理人類俗務大小事的管家婆，而是捍衛自然法則的運作和公理正義的價值，否則反而把神的等級給矮化了！

我那學生自從腫瘤消失後，大家無不歡欣鼓舞，期待他的好轉乃至痊癒，問題是他的腦部受損無法清醒過來，只能一直靠鼻胃管餵食營養液，因為體力不足，後來癌細胞又復發了，而且醫生強烈建議不要再化療，否則短期內可能就會結束生命。

雖然家屬沒再讓孩子接受化療，但還是一直唸經拖延他的壽命，後來終於不忍心孩子受病魔的折磨而轉向菩薩祈求：「請幫孩子做最好的安排吧！」後來，孩子就在父母簽下放棄急救同意書後不久，安詳地跟隨菩薩去了。

除此之外，我也聽聞周遭一些人放棄醫療改採靈療的方式治癌，但至此，我只聽過惡化過世的，從未聽過痊癒的，終究法力不及業力啊！還有些人同時接受醫學治療與靈療（或其他民俗、自然療法），後來病情好轉了，卻只歸功是靈療（或其他民俗、自然療法）的效果，這都是以偏概全的說法。

人跟神的關係

孩子往生時，我跟家屬在一旁助唸、送他到殯儀館，直到停屍間的門重重關上，一個十三歲的小生命就這樣走了！記得我離開時，已經是晚上十點多了。走在黑暗的巷道裡，很多以前上課時的歡樂情景一一浮上眼前，我心情沮喪到了極點，但也終於更清楚：**神仙難救無命客，壽到絕時莫強求**。如果今天是個死劫，我們縱然拖延了他的壽命，卻是用他和家人的痛苦換來的，到頭終究還是個「零和遊戲」吧！同樣的，生命中的定數（業數）如果用某種方式去轉換，得到和付出的，不也是一樣多嗎？何況到頭來，一樣還是躲不過！

不過，我並不因而懷疑神，只是重新檢討我們一向崇拜神的態度和目的是否正確？

人類面對生死與前途是脆弱、無知、恐懼的，因此總是希冀有個萬能的神可以幫助我們：神只幫助人類（保佑我們狩獵豐收）、神只幫助我（保佑我擊敗敵人），而且神是絕對全知全能的，所以我們願意被祂養牧，甚至放棄獨立的人格和成長的過程都無妨——人類這種信仰態度和目的是否有偏差？

神不是萬能的，神的職責是維護自然運作和正義價值，所以當人類面臨危難、無助和害怕時，神**不會幫人類化解問題**，而是教導人類應該學習如何勇敢、處理、承擔、放下，而這又都根源於「愛」。試想，毀滅性的洪水來臨了，是要聚在一起求神拜佛就好，還是在信仰力量的感召下，發揮集體力量，趕緊做好防災措施，保護家人和居民？信仰與人為缺一不可，信仰又往往可發揮人為力量到極致，但這裡指的是正善的信仰。

雖然法力不及業力，孩子最終回天乏術，但是我不曾懷疑過神，相反的，我深深反省，是否學習到接受死亡是一種自然法則、體悟到化小愛為大愛的真愛、了解到人應該做什麼而不該做什麼——與其說神在世俗上幫助我們趨吉避凶（在宗教上，獲得其實是毒藥，失去反而是降道），不如說神在心靈上幫我們度過難關、在智慧上幫我們開悟更大的真理、在生命上幫我們拓展更宏偉的境界，也因此，我們的靈魂更聖潔進化，而非更世俗退化。

因為相信信仰能夠使我們的靈魂聖潔而非俗化，所以，我從來不會用神祕甚至詭異的方式來看待和對待神，我相信祂是我們祖先當中的賢靈，我們彼此是血脈相連、心意相通，而且正氣相契的。

事後回想小金門和孩子腫瘤消失的神蹟，當初我並沒有下跪、點香、燒紙，也沒有供品、捐獻、承諾，就只有一顆極為懇切、虔誠、祈請的心，但神並不因而嫌棄，依然伸出援手，也藉此希望那些以為準備豐富供品、講究繁文縟節來酬神就能蒙受恩澤的信徒，能因此有所領悟，什麼是「神」？有這樣寬大、慈悲、正直德性的才是「正神」！

小金門關聖帝君的恩澤我一直感念在心，退伍十多年後，我認識了一位老家在小金門的文友，便託他回家時幫我前去祭拜、捐獻，他也如約前去，並且在捐獻簿上寫上我的名字。我一直有個感覺，祂一定很欣慰，二、三十年前幫助過的一位年輕人，在這麼多年後竟然還沒有忘記祂的恩澤，並前來答謝，祂在意的，是這個年輕人（現在已經不年輕了）現在是否做個正直有為的人，將祂的慈悲心傳播下去，而不是他來還了多少供品和金錢。我也一直感激前來救助孩子的神，雖然業力不可違，但很多跡象顯示，祂們始終陪著孩子，免去他的恐懼，讓他不孤獨，直到把他帶到一個該去的地方。

人跟正神之間是什麼關係？就是這種猶如**祖先跟子孫之間的孺慕之情**，如果缺乏這種情誼，則父非父、子非子，神非神、徒非徒，只是香火與願望交換的關係罷了，那麼這時的神便不是「正神」而只是某種靈體而已。

Point

淨化自度新信仰

信仰一直有矛盾現象。一來信仰與人為善的動機，乃至成為一種善良的民情風俗與特有的種族文化，甚而在國家遭受侵略時，固有信仰都成為人民最堅實的精神堡壘，十分可貴。但另一方面，宗教陷入儀式和教條窠臼反而忽略自心清淨，乃至沉溺神祕玄怪之說與鬼道之中，卻又十分不妥！如果現代人能追求清淨、自度，不再迷信，相信科學時代會更需要這樣的新信仰！

第一篇

認識你的守護神

找到自己的守護神

東方人喜歡上廟宇拜拜，就跟西方人習慣上教堂禱告一樣，都是一種信仰儀式，也是一種生活態度，只要秉持正善正道、清淨虔誠，就可以讓我們沉澱心靈、整理思緒、激發力量，乃至約束自己的言行、鞭策自己努力，只要不是圖謀不軌、過分沉迷、華而不實，拜拜是一個跟自己或跟神祕境界對話的管道。

本書第一篇要和各位分享如何找到並認識和自己**有緣的守護神**，既是有緣，自然會更相得益彰，並帶領各位去臺灣的名剎正廟朝聖，認識本土民俗；第二篇和各位說明現代社會如何突破陳規，用文明的方法拜拜，讓自己能夠簡單又清淨地產生力量；第三篇則是探討大家最感興趣的話題：神明由來和籤詩判讀。

臺灣漢人信仰的神祇無疑是由唐山而來，由區域分布來看，大約可以分成四種：一是全國性信仰，如：玉皇大帝、觀世音等；二是由唐山地方信仰變成臺灣全島性信仰，如湄洲媽祖、泉州保生大帝等；三是唐山地方信仰於島內一些移民集中處特別興盛，如王爺信仰、廣澤靈王等；四是唐山神明卻在臺灣發展成龐大新興教派，如瑤池金母的瑤池派、關聖帝君的恩主公。

接著，我們就來尋找自己的守護神，並認識祂們。

望著廟宇裡琳瑯滿目的神尊，到底誰跟我有緣呢？還是統統行禮如儀，全拜一遍就可以？其實，只要正善正信，自助而後天助，神明就像慈祥且有能力的長者，會指點、提攜我們，而且心誠則靈，神明是沒有功能區分的。但由於各地域、各族群的認知和需求不同，所以發展出不同的神明以及祂們獨特的功能，也因而豐富了我們的信仰色彩和風俗民情，而這也未嘗不是繽紛的民俗樂趣！

所以，每個人可能都有一尊適合自己屬性的守護神，如果親近祂，可以為自己帶來心靈的力量，若你還沒有親近或信仰的神明，不妨參考本書的指引找到自己的守護神，也順便認識其他神明，這也非常有孺慕之情的親密感懷呢！

本篇介紹了道教、佛教、《封神榜》、希臘神話裡大家較為熟悉的神祇和故事，以及一些知名的歷史人物，不但饒富民俗情趣，也有助於大家以後親近神明時更了解祂們的背景，這樣彼此也會更心靈相通呢！

要找到自己的守護神，有三個方法，一是工作性質，二是個性，三是紫微斗數裡命宮或福德宮的主星（可以在任何入口網站搜尋「紫微命盤」，操作後發現自己的主星），在綜合參考後，尋找一個自己最有「Fu」的神祇並加以親近，漸漸的，你會發現，有正善信仰的人生，比茫茫漂浮的人生更有定著感、更有感情，也更有目標與意義，同樣的，也會因而更有積極的能量，而這就是正信信仰的力量！

不過，還是要強調，**信仰不是迷信**，**而是一種態度**，要信而不迷，仰而不拘，對天地虔誠，對萬物謙卑，以正信積極的態度開創命運！信仰強調心靈的力量，包括：相信、正向、積極、慈悲、自利、利人，而不是繁文縟節、疑神疑鬼、企圖透過鬼神之力來不勞而獲，這樣信仰的力量才能發揮到極致喔！

類型	從事工作	個性	紫微斗數主星	頁碼
指揮型	開發、大傳、大眾、百貨、統眾、派遣、總管理處	權力欲望強、喜發號施令	紫微	28
智慧型	資訊、自動化及精密機械、創意激盪、神祕學	喜歡物理邏輯或事務推理，腦筋動得快	天機	32
公政型	博愛性工作、法律、政治	愛打抱不平，但會用法令處理事務	太陽	35
財星型	經商、貿易、武市、輕工業製造	有商業頭腦，並有實踐力	武曲	38
福星型	幼教、居家及休閒相關事業、主婦	重視家庭與親人，有愛心，喜歡小確幸	天同	41
桃花型	設計、工藝、裝潢、新潮表演、前衛服飾	喜歡前衛、新潮，敢秀、愛秀，或有這方面的天分	廉貞	44
總管型	統籌、金融、財務、房地產業	善用管理來領導，有財務管理天分	天府	48
美緣型	藝術、美容美儀、庭院花藝設計、藝術表演、流行服飾	喜歡時髦、美麗的事物，有人緣	太陰	51
公關型	外交、公關、業務、活動主持、綜藝	長袖善舞，愛演，有才藝	貪狼	54
名嘴型	辯士、推銷、播音、主持、講員、食品	口才好，善於企劃，諳鬥爭之道	巨門	57
宰相型	參謀、命理相士、仲介、代理	有謀略，但往往居於二線	天相	60
夫子型	教師、公務員、宗教、醫護、藥品	有智慧且深沉，善良但不外露	天梁	63
戰將型	運動選手、軍警、保全、旅遊、營造、交通、重工業	敢衝，但能思考戰略	七殺	67

冒險型	航空（海）、爆破、拆除、特技、危險競技、特殊軍警、冒險性導遊	衝動，往往不計較前因後果	破軍	72
學術型	學術、研究（發）、論文、純文學創作	喜歡治學、考據、證實，言之有據、言之有物	文昌	77
文創型	各類文藝創作、文創產業、大眾文學寫作	喜歡自由塗鴉，不拘泥於現實，重藝術效果的人	文曲	81
輔佐型顯性	幕僚而偏向執行者	老大身旁的第一號人物，猶如特別助理或副官	左輔	83
輔佐型隱性	幕僚而偏向企劃者	像祕書一樣細心，能將日常庶務打理得井井有條	右弼	85
貴人型顯性	文化、救濟、公益事業偏向執行者	大家眼中的貴人，經常出手相助	天魁	86
貴人型隱性	文化、救濟、公益事業偏向企劃者	大家眼中的善人，默默出力，不搶鋒頭	天越	89
金庫型	獎金敘薪、包租公、祖產豐厚者	愛錢，愛儲蓄、財運佳	祿存	91
明槍型	屠宰、保鑣、兄弟等持刀槍者	好動，較易受傷	擎羊	94
暗箭型	更生人、低收入戶、遊民	沒有朝氣，體弱、感覺總帶楣運	陀羅	97
火電型	消防人員、廚師、火電、冶煉相關工作者	脾氣暴躁，情緒容易失控	火星	101
金刀型	鋼鐵業、金屬、五金、刀械相關工作者	喜歡殺生或喜歡刀械，容易刀傷	鈴星	104
漏洞型	破產、負債、長期失業者	常常無端失去應該擁有的事物	空星	107

指揮型

開發、大傳、大眾、百貨、統眾、派遣、總管理處業者；個性權力欲望強、喜發號施令的人；命宮或福德宮為紫微星者，屬之。

指揮型的人適合親近最高神祇**玉皇大帝**或**紫微大帝**。

一般所稱「天公廟」或廟中的「凌霄寶殿」，就是祭祀玉皇大帝之處，玉皇大帝是世界第一位有形神明，是太極的神格化，是眾神之王，地位最為崇高。

紫微大帝就是紫微星的神格化，也就是一般俗稱的北極星，它幾乎指著北方不變，成為人們夜裡尋找方向的依據，因此備受崇拜，是星中帝王。

三官大帝——天官、地官、水官，民間稱「三界公」，其中的天官也被尊為「上元賜福天官紫微大帝」，所以紫微大帝又化生為天官。後來道教分別追謚堯、舜、禹為天官、地官、水官，並司賜福、赦罪、解厄之職，堯帝就是天官，因此，指揮型的有緣神祇就是**紫微大帝**、**天官**和**堯帝**。民間常見「跳加官」就是京劇「天官賜福」的簡版。

要注意的是：紫微星是北極星；北極玄天上帝（真武上帝）為北斗七星神格化，俗稱「上帝公」；玉皇大帝（昊天上帝）則是世界最崇高神祇——三者並不相同。

除了自然崇拜的至高之神之外，人間武功文治兼備的「聖王」，也是指揮型可以親近的神祇，在歷史上被當成聖王朝拜的神祇，有**開臺聖王鄭成功**，以及**開漳聖王陳元光**，是指揮型人物的典範。

佛教上，神祇位階最高的是大梵天王，祂是永恆與獨立存在的，不需被創造，相反的，諸神、萬物與人類是祂創造出來的，佛教認為，祂等同玉皇大帝、上帝。泰國的四面佛、漢族的斗母，採用的便是大梵天王的造型。

在佛教上，指揮型的人有緣神祇以佛為優先，菩薩、羅漢與護法為次，一般民間常見的「**三聖佛**」（中央釋迦牟尼佛、東方藥師佛、西方阿彌陀佛）頗為合適。

女性可再多親近　指揮型的女性個性過於剛強，所以除了玉皇大帝、紫微帝星、天官、堯帝之外，天后級的王母娘娘（西方瑤池金母）、天上聖母（媽祖天后）都可多加親近，如此有助於減少過於剛強的氣勢。

其他文化裡的代表

在日本《封神榜》裡，指揮型的代表人物為周文王的長子**伯邑考**，封為紫微星，為「尊貴之神」。伯邑考才德雙全，還是個美男子，因為不接受妲己的色誘，妲己便慫恿紂王將他殺害並做成肉羹逼周文王吃下，周文王雖知有詐，但為了忍辱負重仍舊選擇吃下，之後文王回到岐山便吐出了兔子，相傳這兔子便是伯邑考的化身。

在希臘神話裡，指揮型的代表人物是眾神之王或天帝的**宙斯**（Zeus），他經過十年的戰爭才取得天帝的地位。他具有最高的權威，能夠使用霹靂和暴風懲罰神與人，雖然他對神很嚴格，但對人類——尤其是弱者，卻十分友善，所以希臘人稱他為「慈悲宙斯」。

朝聖指南

臺南市開基玉皇宮於明朝荷據時代即開建，是全臺最早祀奉玉皇大帝的聖殿，已有三百四十多年歷史。在臺灣主祀玉皇大帝的廟宇俗稱為「三間半」，分別是**沙鹿玉皇殿**、**臺南天壇**、**新竹天公壇**，以及被拓寬馬路削掉一半的**彰化元清觀**，其中臺南天壇在《臺灣通史》還有被記錄呢！天壇為凡人與天神接觸的地方，因此祭祀活動於露天舉行，臺灣首廟天壇（簡稱天壇）的廟址原是鄭氏王朝祭天的場所，清咸豐才就地建廟立壇。

臺北萬華金義殿是北部祭祀紫微大帝的名殿，由於農曆七月很多廟宇不辦祭典，所以農曆六月底是道教拜拜的「年度結算日」，金義殿農曆六月二十八日紫微大帝出巡是大臺北地區宗教活動的最後壓軸大戲，也是年度盛事。**臺中市紫微宮**門聯寫道：「紫氣長沖道千秋，微風永被仙風修；宮中仙者堯帝君，金光靈境道中酋。」廟中祭祀的雖是三官大帝，但其中的天官指的是「上元賜福天官紫微大帝」，故稱「紫微宮」。**澎湖紫微宮**有全澎湖最高神像紫微大帝坐鎮，是一座新的廟宇，但非常壯觀。

早在明鄭時期前，就已有漢人來臺開墾，是鄭成功趕走荷蘭人收復主權，並將當時臺灣的政治、經濟、文化做一個完整統合與開發，故稱鄭為開臺聖王。**臺南市鄭成功祖廟**是其子鄭經所建，是鄭氏的家廟。**臺南市延平郡王祠**則是清廷為了懷柔臺胞所以祭祀鄭成功的最早祠堂，也是臺南市第九座歷史建築，是一座規劃完整、史蹟豐富的紀念園區。除了臺南與南部是鄭成功主祀地區外，**彰化市鄭成功廟**又名「全臺鄭姓大宗祠」，也是臺灣主祀鄭成功的重要廟宇。

開漳聖王陳元光是唐朝將領，在閩粵一代平亂、開發、施教，後戰死於漳浦並葬於漳州，漳州人視之為保護神。因為其功厥偉，歷代皇帝都有加封，現在見到的「輔」字輩將軍，如：輔順（馬仁）、輔信（李伯瑤）等，都是開漳聖王的麾下，甚至有將輔順、輔信將軍祭為主神的廟宇。開漳聖王有時亦稱陳府將軍，但不是將軍或千歲等級，而是聖王等級。**桃園大溪仁和宮**已有三百四十年歷史，神尊金身來自大陸漳浦，號稱臺灣開漳聖王開基廟。**高雄鳳山鳳邑開漳聖王廟**分靈自家鄉開漳聖王廟，建於乾隆時期，亦是文化古蹟；而**臺北市內湖碧山巖開漳聖王廟**則是臺灣最大的開漳聖王廟。

居於最高女性神位的是瑤池金母，臺灣稱為「王母信仰」或「母娘文化」，發源地是**花蓮慈惠堂**，全臺約有近千分堂，因為信仰龐大，已經被道教列為「瑤池派」正式教團，但祭祀方式仍以鸞門的方式進行；**臺北松山慈惠堂**也極富盛名，每年都有盛大文化活動。瑤池金母是太極陰陽中陰氣的神格化，為道教天上最高「元君」（女性正神），統領諸女神，而無生老母、無極老母、驪山老母、無極地母，則是一貫道或鸞門信仰，不可混淆。鸞門習慣將橫躺的「母」寫成直立的「中」，以表示尊敬。

智慧型

資訊、自動化及精密機械、創意激盪業、神祕學者；個性喜歡物理邏輯或事務推理，腦筋動得快的人；命宮或福德宮為天機星者，屬之。

智慧型主謀略與機巧，因而也善於韜略與布陣，從事文武職策略規劃的人都可以多親近**諸葛武侯**（孔明），從事巧技的人可多親近**巧聖先師**（魯班公），但因孔明亦發明多項機巧器械，所以從事自動與精密器械的人亦可親近孔明。

據《桃園明聖經》記載，孔明後又轉世為**朱熹**，且朱熹亦上通天文，下知地理，民間稱為「文昌朱國公」、「紫陽夫子」，因此諸葛孔明、朱熹是智慧型的有緣神祇。朱熹不是「朱衣神君」（文昌朱衣神），這是兩個不同的神祇，可能是因為「朱」姓所引發的誤解。

學習玄學的人可以親近**王禪祖師**（鬼谷子）、**伏羲大帝**（畫八卦）、**八卦祖師**。

佛教上，智慧的象徵是**文殊菩薩**，祂是是智慧之師，與智慧型有緣。

女性可再多親近

智慧型的女性因為謀略過人，宜低調，除了諸葛孔明、朱熹、孔孟、文科神外，亦可以親近「元君」如王母娘娘、天上聖母、觀世音、九天玄女（玄女娘娘）、臨水夫人（陳靖姑）等，以增益柔軟度。

其他文化裡的代表

在日本《封神榜》裡，智慧型代表人物是周文王的軍師**姜子牙**，被封為天機星，元始天尊要他從崑崙山下來協助周武王滅商紂，戰爭結束之後並大封群仙，是「智慧之神」，掌管智慧以及精神。

在希臘神話裡，智慧型代表人物是**繆思**（Muse）女神，她用詩、戲劇、歷史、天文、舞蹈、音樂和宗教創造了人類高貴的文明和靈性，現在稱呼博物館為「Museum」，便是要蒐集所有關於繆思事物的意思。她的特質繼承自母親記憶女神妮莫西妮（Mnemosyne），她專管人類的記憶與文明，保護人類的善和美，因而被稱為「萬物靈性主宰」的女神。

朝聖指南

南投日月潭啟示玄機院孔明廟是全臺最負盛名的孔明廟，除了湖光山色、風光明媚，還有一座全臺最高、栩栩如生的孔明塑像，孔明號稱天下第一軍師，是幕僚企畫人員的守護神。

臺中東勢巧聖仙師廟是全臺四十多個巧聖仙師廟的祖廟、**新北市淡水魯班巧聖仙師宮**有著名的魯班獅陣頭，兩者都是大陸分靈而來的。除了巧聖魯班，荷葉先師是魯班的弟子，木工手藝卓絕；爐公先師是鍊冶業始祖，三尊共同為建築相關行業人士所供奉。

命理、風水、占卜相關人士可至**新北市板橋妙雲宮**祭祀，此王禪老祖金尊乃由大陸分靈來臺，據說是臺灣有典籍可查的王禪老祖開基祖廟，目前還在擴建中。

新竹北埔也有**王禪老祖鬼谷仙師廟**，是堪輿人士所建，廟殿完全依風水格局興建。鬼谷子相傳也是孫臏和龐涓，以及蘇秦和張儀的老師，所以也是兵家、縱橫家的先祖。

雲林斗六太昊殿、**桃園新屋八卦祖師廟**、**屏東枋山伏羲八卦祖師廟**都主祀八卦祖師，以易經占卦的人都宜親近，易經老師卜卦前祈請的神明便是八卦祖師。一般民間會稱八卦祖師為「太昊伏羲八卦祖師爺」，太昊是天地混沌初開之意，伏羲氏畫八卦為華夏文明之始，八卦祖師則是易經八卦的神格化，如果找不到八卦祖師的話，祭祀伏羲氏亦可。民間有時會將伏羲與神農雕像做得極為相似，都是赤身、披草，主要分別在於伏羲持八卦，神農持稻草。

嘉義北港朱子公廟是全臺唯一奉祀朱熹的廟宇，朱熹成就不只在儒學，在探討天地理則的理（道）學上亦成就斐然，是易學的義理派（重倫理，不重術數）。此外，孔廟一定陪祀有朱熹的牌位。

公政型

從事博愛性工作、法律、政治事業工作者；個性愛打抱不平，但會用法令處理事務的人；命宮或福德宮為太陽星者，屬之。

博愛又喜用律法的人，很像古代的法家，有號令天下的氣勢，也有執法的權威，同時執行力也極強，乃至有點親躬親為。公政型的人光芒普照世間不分貴賤，所以也很博愛。公政型的人須多行善布施，運勢才能昌旺。

公政型的有緣神祇為**太陽星君**，太陽為純陽，雖然陽剛，但心中有大愛；而**東華帝君**（東木公）是太極陰陽中陽氣的神格化，並掌管所有「神君」（男性神祇）。

玄壇元帥趙公明是「日之精」，是被后羿射落的九個太陽之中唯一成道的（其餘八個則變成鬼王），同時，祂也是大家熟知的五路財神爺的統帥，更是臺灣「炸寒單」習俗當中的寒單爺，為何要炸寒單的原因眾說紛紜，但是因為祂是「日之精」，所以喜歡火藥燃炮加身，自然可以理解。

公政型的人象徵為太陽，佛教顯教的**毘盧遮那佛**與密教的**大日如來**都是太陽之意，可以多加親近。另外，**日光（偏照）菩薩**是藥師佛東方琉璃淨土兩大薩之一（另一為月光偏照菩薩），也可親近。

女性可再多親近　公政型的女性偏剛強，建議不要再與太陽星君太親近，但佛教大日如來不主剛強，故仍為有緣神祇，此外多親近天后級的「元君」如王母娘娘、天上聖母、觀世音皆為有利。

其他文化裡的代表

在日本《封神榜》裡公政型代表是死諫昏君紂王的大忠臣**比干**，封太陽星，是「光明之神」，司掌光明與博愛。比干後來又被玉皇大帝封為文財神（庫財神），專掌財庫，並為林姓的始祖。

在希臘神話裡，公政型的代表人物是**太陽神阿波羅**（Apollo），阿波羅同時也是俊俏浪漫的文藝神，而且因為他光明磊落，也稱為「真理之神」。阿波羅多才多藝，為萬能之神，權威之大、能力之強、受人景仰之程度，與天帝宙斯不相上下。

朝聖指南

高雄市至陽宮的太陽星君祿位於乾隆年間即由先人從浙江奉請來臺，是臺灣太陽星君祭祀可查到的最早紀錄。**臺北內湖太陽堂**則是臺灣第一座太陽星君廟，同祀太陰娘娘，由於日人對漢族神明的迫害政策，所以這座在日據時代取得許可登記的道教廟宇便更彌足珍貴！它完全依正統道教形式與禮儀行事，在當時是道教一大聖地，當然也是太陽廟的祖廟。

南投埔里慈光寺和**苗栗頭份太陽宮**也建於日據時代，廟中也有祭祀太陰星君，此二廟當初為了躲避日本人不可祭祀漢神的政策，所以沒有雕像，而是繪畫的圖騰，如今也成為一方名剎。民間以農曆三月十九日為太陽星君聖誕，相傳此日也是明崇禎皇帝自縊於煤山之日，明滅後，清朝漢人不敢拜崇禎，便以拜「太陽公」之名祭祀，亦不敢有畫像和雕像，這個習俗目前仍在一些地方流傳。

新店無極東華聖宮是主祀東華帝君的名山，也是靈修人士聚會之處，本宮也祀有太陽、太陰星君。值得一提的是，本宮可以瀏覽北臺灣最美的新店溪S型大河灣及直潭美景，是許多攝影家的取景之地呢！

南投草屯敦和宮主祀財神爺玄壇元帥趙公明（非五路財神），此有全世界最大的財神爺神像，本宮也是全國位階最高的財神廟，清朝時從福建西山分像至此安座，已有三百五十年歷史；至於神像金身，據說早在宋朝時就已供奉於南京考試院裡，有近九百年歷史。

財星型

經商、貿易、武市、輕工業製造業者；個性有商業頭腦，並有實踐力的人；命宮或福德宮為武曲星者，屬之。

同時兼具將星與財星的神祇為**關聖帝君**，是財星型的親近神祇。關聖神像有三種，一為持關刀形象，此適合武職者親近；第二種持《春秋》形象，適合以和為貴的求財者親近；第三種為寶瓔珞帶的佛教護法造型，稱為「伽藍尊者」，信奉佛教者可親近。

臺灣風行的「恩主公」以及第十八代玉皇大帝「玄靈高上帝」皆為關聖帝君（原玉皇大帝尊為玄穹高上帝），另據《桃園明聖經》明確表示，關聖帝君為「朱衣神星」轉世，是五文昌之一，所以亦為文衡帝君。

經商的人當然還可以拜**五路**、**八路**、**十路財神**，其中以**中路財神趙公明**為正財神、武財神。此外，其他的財神還有：**文財神比干**、**偏財神劉海蟾禪師**以及彌勒佛化身的**布袋和尚**、**土地公**。另外，恩主公中的**白面將軍張仙大帝**能送祿、**紅面將軍豁落靈官**統領百萬貔貅（帶財獸），都是送財神。

孔門七十二子中的**子貢**，姓端木名賜，善於經商，才華卓著，志向高遠，被尊為「儒商典範」，堪稱漢族的「經營之神」。而設計獻西施的范蠡，幫助句踐復國後退隱市井改稱**陶朱公**，除了逃過兔死狗烹的死劫，還成為一代富商，祂留下來的《陶朱公商經》共有十二訓、十二戒、十八則，現仍為經商典範，堪稱「漢族商聖」。

佛教《佛說北斗七星延命經》稱**武曲星**是「東方法意世界法海遊戲如來佛」、阿嚕利迦觀音，有緣親近；此外，佛教四大天王中的**北方多聞天王**亦稱財寶天王，俗稱「財神之父」。密宗則有黃、紅、綠、白、黑五位財神、象頭王財神，亦有緣親近。

女性可再多親近 除了可以不持刀劍之關聖帝君、恩主公與財神為親近神祇，亦可親近「元君」如王母娘娘、天上聖母、觀世音、九天玄女、臨水夫人等，以增進福澤。

其他文化裡的代表

在日本《封神榜》裡，財星型代表人物是周朝開國明君**周武王姬發**，封武曲星，是「財富之神」，司掌財富與武勇。孟子曾說：「聞誅一夫紂矣，未聞弒君也。」可見武王伐紂是漢民族民本主義與人民革命的典範。

在希臘神話裡，財星型代表人物是**第一英雄赫拉克勒斯**（Heracles）。他出生的目的就是要戰鬥以保護人和神，故在幸福逸樂和節制勤勞中選擇了後者，因而一生中創造了許多豐功偉業，後來更是完成了十二大功勳。每四年一次的奧運，即仿照他創立的「奧林匹亞競技大會」而來的，後來他升天為神，也被百姓奉為「武術保護神」；此外，武仙星座也是用他的名字命名的。

關聖是武聖，所以關廟稱「武聖廟」；關聖也是五文昌之一的文衡帝君，所以又稱「文衡廟」；道教稱祂在南天協助玉皇大帝，因此又稱「南天宮」、「協天宮」；鸞門則稱為「恩主公廟」。**臺南開基武廟**，是臺灣最早的關廟，因為規模較小，俗稱「小關帝廟」，祭祀則訂在俗稱「大關帝廟」的**祀典武廟**。**臺北行天宮**是全臺香火最鼎盛的恩主公廟，恩主公是「救世主」之意，恩主公信仰發源於大陸雲貴，但卻在臺灣形成非常獨特而風行的信仰。**草屯惠德宮**的大門前，右有關公的赤兔馬、左有護持的馬爺，雕塑栩栩如生，是其他關帝廟沒有的殊勝景觀。

雲林北港武德宮專祀五路財神，是臺灣頗富盛名的財神廟，其中，中路財玄壇元帥趙公明被尊稱為金龍如意正一龍虎玄壇真君，廟中還供奉祂的父母（聖父母）和三個妹妹（三仙姑，保佑生育），也是臺灣供奉財神爺家族最完整的廟宇。

新北市石門北海開基十路發財廟是臺灣十路財神開基廟，其中首位便是天官如意財神范蠡。十路財神便是五路文財神加五路武財神，五路文財神分別是：天官如意財神范蠡、文財神比干、金財神石崇、招財王沈萬山、正財公包拯；五路武財神請見〈誰是財神爺？〉一六三頁。

福星型

幼教、居家及休閒相關事業者、主婦；個性重視家庭與親人，有愛心，喜歡小確幸的人；命宮或福德宮為天同星者，屬之。

福星型的人喜歡親近「福星」，福星以福、祿、壽三仙中的**福星**為代表，福祿壽三仙雖然很少成為祭祀主神，其實在各地都能見到祂們，譬如廟宇的屋簷中央許多都是塑立三仙的彩陶，而金紙也都印有三仙，可見「福祿壽」（又稱財子壽）是人們在有形信仰上追求的目標，其中又以福為先。

民間也以「天官賜福」中的**天官**為福星，天官是三官大帝中的一官，道教以堯、舜、禹三帝分別為天、地、水三官化身，所以**堯帝**也是天官。相傳，元宵節就是「上元之夜」的意思，也就是上元天官的誕辰，可以祭祀天官。

另一位福星便是**比干**，因為祂是愛國愛民、不畏奸佞、正義沒有私心、掌管金庫的文財神，由祂掌管福祿的分配，再恰當不過。而根據《新唐書》記載，福星是唐朝一位名叫**陽城**的清官，他冒死進諫皇上廢除進貢侏儒供皇帝玩樂的陋規，到了元朝，福星的官貌福態形象便與現在所見無大差異，有這樣的官員真是百姓之福，祀為福官真是恰當！

佛教上，有緣的菩薩是**善財童子**，也就是觀音菩薩的的左脅侍（右脅侍是龍女），祂因為善因福報具足，出生時五百寶器自現，一切庫藏充滿，也因善因福報具足，所以歷經參訪五十三位聖者，終究成道，值得效法。

女性可再多親近　三奶夫人是家庭、主婦、兒童的守護神，最宜親近。

其他文化裡的代表

在日本《封神榜》裡，福星型代表人物是**周文王姬昌**，封為天同星，為「溫順之神」，司掌溫和、協調。文王是個施行教化與德政的諸侯，是仁君的典範，深受孔子的推崇，另外相傳文王被紂王囚禁時，還重新推演卦辭，在易經發展史上有重要的地位。

在希臘神話裡，福星型的代表人物是**快樂之神狄俄倪索斯**（Dionysus），無憂無慮，快樂幸福，並且還是酒神，帶給人們歡宴的快樂，而且還有化暴戾為寬恕及祥和的能力。有人認為，西洋戲劇源於希臘，希臘戲劇則源於酒神的祭祀表演，可見他帶給人類多大的歡樂。

朝聖指南

高雄燕巢龍香山天官財神廟，主祀天官，稱為天官文財神，其形象不若一般的宰相天官造型，所以被認為是天官賜福的天官與文財神比干的福星兩者的結合。

賜福的天官因為是三官大帝之一，往往不會單獨祭祀，而是與三官大帝同祀。**新北市安坑**

潤濟宮是該區第一大廟，主祀三官大帝，早在漢人來臺開墾之初便因與原住民時常發生衝突而立廟佑民，是歷史悠久的信仰中心。**新北市鶯歌三湖宮**同樣也是有兩百多年歷史的三官大帝廟，而且還與該區的煤礦業文化發展結合，饒富地方民風俗趣。

陳靖姑、林紗娘和李三娘合稱「三奶夫人」，其中以臨水夫人陳靖姑為首，在道教自成「三奶（夫人）派」，是臺灣「紅頭師公」（廟會法師）的祖師，陪祀二尊、六尊、十二尊，最多三十六尊婆祖，保佑婦人生產順利、小孩平安長大，也能使用法術驅逐惡煞、疾病瘟疸，保護家宅平安，民間也有「十二婆祖陣」陣頭，可見家庭幸福價值深植民心。**高雄大社碧雲宮**俗稱三奶廟，祭祀三奶夫人，是臺灣最早的三奶廟，建於清康熙年間，甚至該村還命名為三奶村（現改為里），可見該廟是地方信仰中心。**宜蘭羅東爐源寺**也主祀三奶夫人，並陪祀陳靖姑的師父閭山大教主許旌陽祖師，雖然才六十餘年歷史，卻極為富麗壯闊，建築用材製作考究精緻，也是宜蘭靈修的重要道場。

桃花型

設計、工藝、裝潢、新潮表演、前衛服飾業者；個性喜歡前衛、新潮，敢秀、愛秀，或有這方面天分的人；命宮或福德宮為廉貞星者，屬之。

桃花型的人當然要親近桃花神來增加魅力，但漢民族並沒有專責的「桃花神」，基於信仰的正統與善良，並不鼓勵崇拜狐仙、妲己等非正式神祇，臺灣色情行業會祭祀豬八戒（天蓬元帥），並在門口燒紙錢請「好兄弟」（孤魂野鬼）為其帶來客戶，當然都不是正神。

七娘媽又稱「七星娘娘」、「天仙娘娘」，是保佑成長順利與男女感情的神祇，可比喻為「正桃花神」，經常親近也可增進融洽的人際關係。**九天玄女**是最遠古時代陰氣的展現，道教理論中，是先有陰再有陽，所以祂代表萬物之母，一說，九天玄女是玉皇大帝的胞妹、瑤池金母的弟子、黃帝的老師，祂也能以母性的慈愛幫助成長與感情和合。此外，**女媧**造人，並且煉石補天，是母性與工藝的正向表徵。以上都非常適合桃花型親近，但其他鄉野的姑娘廟、烈女廟祭拜的是無主女屍，不為正神，應該小心選擇。

桃花型感情豐富，所以應該持正，因此適合親近「元君」如**王母娘娘**、**天上聖母**、**觀世音**、**臨水夫人**等，以為守護。

桃花型的人個性浪漫，容易招致蜚短流長，口舌是非，所以應多親近「司法神」如**東嶽大**

帝（天齊仁聖帝）、**包公**、**青山王**（靈安尊王），以及「土地神」如**境主公**、**城隍爺**、**土地公**等，但本身亦應多持守，切勿為惡，方能解災。

佛教《佛說北斗七星延命經》稱**廉貞星**是「東方淨住世界廣達智辨如來佛」和水面觀音、又彌沙大王，適合桃花型的人親近。

女性可再多親近 桃花型的女性應多注意因感情惹起的波折，親近的神祇與男性相同。

其他文化裡的代表

在日本《封神榜》裡，桃花型代表人物是出賣紂王的奸臣**費仲**，封為廉貞星，為「邪惡之神」，司掌邪惡、歪曲。

在希臘神話裡，桃花型代表人物是**愛情與美麗之神阿佛洛狄特**（Aphrodite），也就是大家熟知的維納斯（Venus），她也被認為是女性美麗的最高象徵。維納斯有兩個身分：在世俗裡，她是不受約束的男歡女愛，盡情享受愛欲；但在神界裡，她卻象徵結婚、家庭、貞操和生育——她是雙重個性的，這點跟桃花型也很類似。

朝聖指南

臺南開隆宮首開臺灣祭祀七娘媽的禮俗，而且還每年舉行「做十六歲」的成年禮，一方面感謝兒童守護神七娘媽過去的照顧，一方面以極其慎重的宗教儀式昭示小孩已經長大了，應自我負責，而且至此，童工童酬也變成大人薪，是府城一大民俗特色。

臺中龍井朝奉宮是祭祀九天玄女的祖廟，創於清道光元年，從此分香而出的廟宇有十三座，神尊稱為玄媧娘娘，共有九尊，大娘手拿七彩石，加上「煉石補天」的牌匾，可以斷定本宮是採九天玄女即女媧的說法。

紅極一時的國片《陣頭》裡的背景是**臺中大雅（大肚山）的九天玄女廟**，很多人對由中輟生組成的八家將、民俗技藝團多有誤解，連帶也將本土信仰低俗化、地痞化，透過這個真人真事改編的電影，大家應該對本土信仰有了新的體認吧！

宜蘭市壯圍補天宮的女媧金身是村民在海邊拾獲的，底座刻有「浙江女媧娘娘」，在清咸豐就立廟祭祀，號稱全臺唯一渡海而來的女媧像，如今已是可供香客三百人住宿的大廟，香火鼎盛可想而知。

容易犯小人者必須親近司法神，最常見的便是城隍爺，城隍爺相當於縣市長，在維護治安方面最盡心，各縣市至少都會有一所官方承認的城隍廟，就近親近即可。市長依序分為縣轄市（鄉鎮級）、省轄市（縣市級）、直轄市（府與省級）。

城隍爺一樣分三級，最高的是都城隍，稱威靈公。**臺南市臺灣府城隍廟**是臺灣最早的官辦城隍廟，建於明鄭時期，為最早的都城隍；後來清朝又封**新竹城隍廟**為都城隍；光復後因原先的「臺北府城隍廟」毀壞（後於松山重建），所以新建**臺灣省城隍廟**，承續都城隍。臺灣有以上四間被承認的都城隍爺，市政工作人員應多親近城隍廟；而七爺、八爺是刑警的守護神，有其襄助，破案有如神助。

「霞海城隍」在臺灣頗富盛名，**臺北市大稻埕霞海城隍廟**的廟會俗稱「臺北迎城隍」，盛況可想而知，此外還有**松山霞海城隍廟**、**高雄市霞海城隍廟**，霞海城隍的祖廟原是福建泉州同安下店鄉（又稱霞城）的地方神廟，康熙賜「臨海門」匾額，所以來臺後稱霞海城隍。

總管型

統籌、金融、財務、房地產業者；個性善用管理來領導，有財務管理天分的人；命宮或福德宮為天府星者，屬之。

總管型最愛「庫星」，成果才守得住，漢民族的庫星便是**「文財神」比干**，比干被紂王挖心之後，玉皇大帝有感於他的忠貞，以及心被挖而無法生貪，所以任命他掌管財庫，是總管型的有緣神祇。

道教認為：「南斗賜生，北斗賜死。」此外，南極星座（南斗）地位雖不如北斗星崇高，卻也是「南霸天」，統籌型的人可以親近**南極大帝**（南極長生帝君），至於南極老人或南極仙翁則為壽仙，不過民間一般都會混淆，視為相同亦無妨。

特別注意的是，接觸總管與錢財事務的人，不小心就會有貪妄之念升起，應多守正。此外可親近財神來增添能量，如文財神比干、**武財神關公**、**正財神趙公明**、**偏財神劉海蟾禪師**與**五路財神**，以及彌勒佛化身的**布袋和尚**、**土地公**。另外恩主公中的**張仙大帝**能送祿、**豁落靈官**統領百萬貔貅（帶財獸），都是送財神。親近財神補足財氣，但本身亦應多持守，方能意誠心正。

佛教的**北方多聞天王**（托塔天王），俗稱「財神之父」、「施財天」，漢民族將祂視為哪吒的父親李靖（非唐朝名將李靖）；密宗則有**黃**、**紅**、**綠**、**白**、**黑五位財神**、**象頭王財神**。

總管型女性的有緣神祇與男性相同。

其他文化裡的代表

在日本《封神榜》裡總管型代表人物是紂王具有賢德的元配**姜皇后**，封為天府星，為「才藝之神」，掌管慈悲及才能。祂還善於料理衣食，符合漢民族重視民生的需求，所以也是「食祿之神」。姜皇后後來被妲己迫害，以死明志，寧死不屈。

在希臘神話裡，總管型的代表人物是**創造人類的天神普羅米修斯**（Prometheus），如同南斗註生，賜給人類生命一樣。心地十分慈悲的普羅米修斯為了讓人類能好好生存，於是從智慧女神和火神那兒偷了智慧和火種給人類，因而被判了重刑，足以顯見他的俠義精神。

朝聖指南

嘉義市文財殿祭祀文（庫）財神比干，早在漢人入臺開墾之初神像便已在此定居享香，日後又經修整加建，終於規模日具。廟裡還祀有善財財神（即佛教善財童子）、福財財神（即彌勒佛）等財神。雖然是財神廟，可是該廟主張「財須有德諸黎庶，神佑無邪眾信徒」，可見，德者得也。

臺灣除了**高雄阿蓮的南安宮**之外，幾乎沒有專祀南極大帝的廟宇。南安宮的神像是清朝時期先人從大陸南極殿迎來家中供奉的，後代子孫始正式建廟，該廟很小，還兼具村民活動中心，是一間頗有特色的鄉里廟宇！除了沒有專祀南極大帝的廟宇，一般廟宇也多以南極仙翁或南斗星君為陪祀，**彰化竹塘慈航宮**以重要地位陪祀南極長生大帝，該廟的「觀音自覓廟地」傳說也曾風行一時。

美緣型

藝術、美容美儀、庭院花藝、藝術表演、流行服飾業者；個性喜歡時髦、美麗的事物，有人緣的人；命宮或福德宮為太陰星者，屬之。

美緣型的人，有緣的神祇是**太陰星君**（乾）或**太陰娘娘**（坤），民間也有以**嫦娥**來當成太陰的化身，因為臺灣供奉太陰娘娘的廟宇較少，所以可以常常稱頌〈太陰星君經〉來增進活力，其中又以月圓之夜最佳。復聖**顏回**因德性光風霽月，被漢民族佛家稱為「月光菩薩」（淨光菩薩），而太陰也極適合詩書與禮儀的教化，故太陰星君、太陰娘娘、月光菩薩、嫦娥和顏回都是美緣型的有緣神祇。

太陰也指純陰，主女性，而**王母娘娘**掌管所有「元君」，也是太陰的有緣神祇。美緣型感情常細膩豐富，應該持正，適合親近「元君」，如王母娘娘、**天上聖母**、**觀世音**、**九天玄女**、**臨水夫人**等。

佛教的「**月光**（**徧照**）**菩薩**」與太陰有緣，是藥師佛東方琉璃淨土中兩大菩薩之一（另一個則是日光徧照菩薩）。

女性可再多親近 美緣型女性的有緣神祇與男性相同。

其他文化裡的代表

在日本《封神榜》裡，美緣型代表人物是紂王大將黃飛虎的妻子**賈夫人**，封為太陰星，為「清潔之神」，掌管清潔及住宅，美麗更甚妲己，但內向貞潔，寧願跳樓自殺也不受紂王淫辱。

在希臘神話裡，美緣型的代表人物是**月亮女神亞緹黛蜜斯**（Artemis），她也是山野和自然界生命的守護神，經常率領一群處女在森林穿梭，以輕快優美著稱，但卻絲毫不會放縱，因此以「巾幗英雌」之姿贏得眾神的尊敬。

朝聖指南

臺灣沒有專祀太陰星君（娘娘）的廟，而是太陽星君的陪祀，或是玉皇大帝為主祀，而以太陽、太陰為陪祀。**桃園大溪普濟堂**另設有專祀太陰星君（嫦娥）的「廣寒宮」，該廟不只是百年古廟，也是大溪老街形象商圈的古蹟，不但被稱為是龍脈結穴，而神像雕刻藝術也堪稱一絕。

美緣型的人親近任何女神都是恰當的，在臺灣最有名的女神無非佛教觀音與道教媽祖，而且名剎古蹟不勝枚舉。

臺南市赤山龍湖巖創建於明朝，是觀世音菩薩在臺灣最早的佛教開基道場，也是臺灣最古老的寺廟之一，饒富歷史意義。**臺北萬華龍山寺**、**臺中清水紫雲巖**都是以佛為體，以道為制的廟宇，主祀觀音佛祖，最殊勝的是，該兩處廟宇裡總是聚滿信徒在誦經，經聲與香煙裊裊不絕，虔誠而悠遠。**鹿港龍山寺**素有臺灣紫禁城之稱，也是藝術的聖殿。

媽祖廟除了〈三月瘠媽祖〉一七一頁一文提到的名廟外，**安平開臺天后宮**、**基隆和平島天后宮**、**新竹香山天后宮**並稱臺灣最古老三大媽祖廟。**臺南大天后宮**是臺灣最早「官建」的媽祖廟，俗稱大媽祖宮，歷史悠久。**基隆廟口媽祖廟**是全省唯一供奉湄洲媽、泉州媽、漳州媽的媽祖廟。**嘉義朴子配天宮**則是全臺皇帝敕封最多的媽祖廟，千里眼、順風耳、虎爺都由乾隆皇帝敕封，是唯一戴官帽、穿官服的將軍和虎爺；此外，嘉慶皇帝還御賜燈花，從新年春節到三月媽祖誕辰，廟中重現古時皇宮特有美輪美奐的元宵燈花盛會，也是全臺唯一；另外，該宮媽祖神像是由一棵樸樹雕塑而成，樸樹的根部仍留於地中，故稱「搬不動媽祖」，二〇一三年配天宮正殿遭受火災肆虐，但開基媽祖與搬不動媽祖僅被燻黑，信徒認為是媽祖顯聖。

公關型

國際外交、公關、業務、活動主持、綜藝業者；個性長袖善舞，愛演，有才藝的人；命宮或福德宮為貪狼星者，屬之。

公關型的人多才多藝、長袖善舞，所以風流善周旋，頗有人緣，是個交際、外交的人才。在情感豐富、愛表演方面，「藝術之神」**田都元帥**（「相公爺」與「雷元帥」）是有緣神祇，田都元帥亦具戰鬥的特質，曾在安祿山之亂時顯靈解救唐玄宗，因此外交公關型也是能開疆闢土的將才。

公關型的人討人喜歡，容易受人原諒，所以遇到困難總會有解，但也因浪漫情懷容易遇爛桃花，宜多親近解厄神——三官大帝中的**水官**，因為水官專司解厄；「下元三品解厄水官」也化身為**禹**，祂也是公關型的守護神。

公關型的交際長才往往是公共關係或國際關係破冰開荒的前鋒，最典型的便是東漢投筆從戎的主角——定遠侯**班超**。但民間有時將三國名將趙子龍誤以為是定遠侯，史實上三國定遠侯是馬超，但鸞門認為玉帝追封趙子龍為「定遠帝君佐漢大天尊」，所以「定遠帝君」才是趙子龍。

公關型的人也可從事文藝創作，但會偏向言情、遊樂、奇幻、鬼怪等大眾文藝，非正統文學或學術；在直覺靈感上也頗有鬼才，不是下功夫的苦修，卻能福至心靈而心有靈犀。

佛教《佛說北斗七星延命經》稱**貪狼星**是「東方最勝世界運意通證如來佛」和大白衣千手觀音、又聖觀音，有緣親近。

女性可再多親近 公關型女性的感情過於豐富，最應注意因為感情惹起的波折，應該持正，故適合親近「元君」如王母娘娘、天上聖母、觀世音、九天玄女、臨水夫人等。

其他文化裡的代表

在日本《封神榜》裡，公關型代表人物是紅顏禍水**妲己**，封為貪狼星，為「欲望之神」，主掌欲望及物質、享受，原本是九天玄女派來迷惑紂王使其亡國的狐狸精，但本性不改，所以欲火焚身，害人害己。

在希臘神話，公關型代表人物是**青春女神及斟酒官赫貝**（Hebe），她面容姣好，活潑可愛，具有交際能力，後來嫁給升天為神的大英雄赫拉克勒斯（見財星型三九頁），調節了父親和大英雄之間的恩怨，悲劇英雄赫拉克勒斯從此有了一個永恆幸福的生活。

朝聖指南

臺灣歷史最悠久的田都元帥廟是**臺南安定靜安宮**、**鹿港玉渠宮**、**萬華紫來宮**，田都元帥的陪祀是金雞和銀犬，因此兩旁有雞、犬造型的金、銀將軍，甚至以雞、犬取代廟門前的石獅，跟其他廟宇大異其趣。鹿港玉渠宮是由福建泉州晉江縣石夏鄉分靈來的，鹿港曾是臺灣第二大港，戲曲陣頭絡繹不絕，此處可是當時鹿港甚至臺灣的演藝重鎮呢！而萬華紫來宮因宮廟毀壞，神像已遷至艋舺地藏庵。田都元帥常以小孩造形出現，有天真的笑容，對於小孩疾病特別靈驗。

水官化身的大禹因為治水有功，所以在臺灣是以水仙尊王的型態出現，水仙尊王一般以：大禹；寒澆（夏朝善於水戰的國王，後被少康中興所滅）、項羽；伍子胥、屈原，「一帝兩王二大夫」的型態出現，有時也會擴充到十尊，都是與水有關的聖賢，如：李白、王勃、魯班、冥（北方水神）、伯益（禹的助手，鑿井始祖），祂們是航海商人、遠洋船員與漁夫、水利人員守護神，多建廟祭拜之。

臺南市水仙宮建於清康熙年間，是府城昔日七寺八廟之一，日據時代遭日本人破壞與盟軍轟炸，原來的五尊金身也去處成謎，光復後重建，如今周邊還形成一個景點市集。**嘉義新港水仙宮**建於清乾隆，原主祀水仙尊王大禹，後改建合祀媽祖與關帝，本廟仍保有百年前的古蹟文物，是國訂二級古蹟，非常古樸。宜蘭員山大湖畔於清光緒建立大禹王廟，現改為**大安宮**，主祀水仙尊王大禹，每年水利局主管都會前往祭拜，祈求「水水平安」。

名嘴型

辯士、推銷、播音、主持、講員、食品業者；個性口才好，善於企劃，諳鬥爭之道的人；命宮或福德宮為巨門星者，屬之。

名嘴型是口才人才，也是策辯之士，手腕高明的便是謀略交際家，可六國封相，漢族縱橫家的代表是蘇秦、張儀，以及他們的老師鬼谷子，**鬼谷子**也被稱為縱橫家之祖，可以親近。

名嘴型易多口舌是非，也易招惹小人、官司，需要有斷絕是非的正義之神來護持，因此漢民族的「正義之神」——**包公**（包拯）便適合巨門親近，以充實自己的光明精神，斷絕是非根源。目前道教認為，十殿閻羅中的閻羅王，第五代閻羅王便是包公任之。

此外，名嘴型亦可多親近「司法神」如**東嶽大帝**（天齊仁聖帝）、**青山王**（靈安尊王），以及「土地神」如**境主公**、**城隍爺**、**土地公**等，但本身亦應謹言慎行，開放心胸，方能解災。

名嘴型主口舌，應該將口舌轉往「立言」功德，可以親近**至聖先師孔子**，其立一家言，成萬世師表立德、立功。同時也可親近**亞聖孟子**，孟子立言在於排斥異端，提倡儒學，其辯才無礙萬古稱頌。**諸葛孔明**之立言在足智多謀，舌戰群儒，天下三分。

佛教《佛說北斗七星延命經》稱**巨門星**是「東方妙寶世界光音自在如來佛」、馬頭觀音，有緣親近。

女性可再多親近 名嘴型的女性應謹言慎行，培養開闊心胸，除了與男性相同的有緣神祇外，還可多親近「元君」如王母娘娘、天上聖母、觀世音、九天玄女、臨水夫人等，以增進福澤。

其他文化裡的代表

在日本《封神榜》裡，名嘴型代表人物為姜子牙的前妻**馬千金**，封巨門星，是「是非之神」，司掌是非及疑惑。她看不起姜子牙一事無成，要求離婚再嫁，沒想到離婚後姜子牙反而時來運轉，並成為天下英雄，馬千金於是羞憤自盡。

在希臘神話裡，名嘴型代表人物為**冥府王黑地斯**（Hades），他負責統治地下的黑暗世界，相當於漢民族的閻羅王。有趣的是，冥府有一條利提河（Lethe），剛進來的人都需喝一口河水，然後就忘了人間的一切，與漢民族傳說中的孟婆湯意義極為類似。

朝聖指南

包公正義的形象深植華人心中，對於易犯小人、官司纏身的人，可向祂請求平安。**雲林縣三條崙海清宮**是全臺包公廟的祖廟，同時也是閻羅天子廟，乃明末清初時泉州移民所建，後廟地被海水吞沒，才遷於現址，但仍沿海而築。正殿內還擺有龍頭鍘、虎頭鍘、狗頭鍘，讓人心生警惕，不寒而慄。**高雄大寮開封宮**則是現今全臺最大的包公廟，它祭祀的是包公成神後的神格馬國公（馬府千歲），或說這是包公的原靈，不過僅限臺灣有此說法。

孟子曾說：「予豈好辯哉？予不得已也。」可謂辯士與名嘴的始祖。然而，伶牙俐齒不是為獲勝或獲利而辯，而是應為真理而辯！臺灣沒有孟子廟，但公立孔廟必陪祀亞聖孟子，時常參拜，可澄明己心，提醒自己常為蒼生念！

從事食品相關行業的人可拜灶神，全臺恩主公宮廟都陪祀有「司命真君」，那就是灶神。**新竹北埔五指山灶君堂**是臺灣香火最盛的灶神廟，建於清光緒年間，海拔八百公尺，山光水色，靈氣聚集，號稱「五指第一」，還是一個齋堂，不辦理任何神事。**宜蘭五結開基灶君廟**原本是土地祠，後因日漸擴大神明增多，故改為灶神廟，本宮的「牽亡」（與亡靈溝通）儀式，是臺灣相當獨特的民俗活動之一。**屏東佳冬九天宮**主祀九天司命護宅天尊，該宮還以求子和換花（更換胎兒性別）馳名，至於換花當然不鼓勵囉！

宰相型

參謀、命理相士、仲介、代理業者；個性有謀略，但往往居於二線的人；命宮或福德宮為天相星者，屬之。

玉皇大帝的宰相是**三官大帝**（三界公），所以三官大帝是宰相型的自然守護神。但亦有一說，玉皇大帝全知全能，並不需要宰相，所以用**太白金星**為欽差大臣，因此太白金星亦為宰相型的守護神。

參謀雖是幕僚，但須與前線將士同在，才能確實掌握情報制定策略，並做及時的回應，所以也是軍師。因此與宰相型有緣的神祇便是漢民族四大神相軍師：**武成王**（姜子牙）、**張留侯**（張良、太玄童子）、**諸葛武侯**（孔明）、**東陵侯**（劉伯溫），四大神相皆有建廟奉祀。四大神相除有「運籌帷幄之內，決勝千里之外」的能力，也都精通神祕學與韜略兵法，除了謀略絕世，亦堪稱文武雙全。

姜太公封神臺大封群神，最後沒有神位了，據說因此玉皇大帝便封祂為「石敢當」；張良受到黃石公受予天書，因此協助劉邦建立漢朝，而印璽也多由玉石所鐫刻，所以宰相型與石頭頗為有緣。

張良後託言修道辭官入山，免於受害，據說後來成道為「太玄童子」跟隨太上老君（老子）。孔明天文地理無所不通，並為百業供奉，而劉伯溫的《燒餅歌》預測學與《郁離子》玄學至今流傳。古之軍師多通玄理祕學，以預測未來、獨得先機，命理之神亦可多親近。

佛教裡，**毗盧遮那佛**（釋迦牟尼佛法身）、**文殊菩薩**、**普賢菩薩**稱為「華嚴三聖」，文殊菩薩、普賢菩薩分別以大智慧與大願行協助佛祖教化世人。而**阿彌陀佛**、**觀世音菩薩**、**大勢至菩薩**稱「西方三聖」，觀世音菩薩、大勢至菩薩以大慈悲與大力量協助阿彌陀佛守護西方淨土與人間。所以文殊菩薩、普賢菩薩，觀世音菩薩、大勢至菩薩也是佛法無邊的脅相，為與宰相型有緣的佛教菩薩。

女性可再多親近

宰相型的女性不只相夫教子，還因掌印信，所以握有實權，可幫老公和他人處理事務！最適合宰相型女性親近的便是城隍夫人，連城隍老爺也要讓她三分呢！

其他文化裡的代表

在日本《封神榜》裡，宰相型代表人物是紂王的忠臣**聞太師**，封天相星，是「奉仕之神」，司掌慈愛及盡責，忠心耿耿經常勸諫，連紂王也懼他三分，他同時也善於帶兵，慈將愛兵，文武雙全。

在希臘神話當中，宰相型的代表人物就是兼具智慧與戰鬥能力的**智慧女神**、**戰爭女神雅典娜**（Athene），她不但聰明絕頂，而且還智勇雙全，擊敗海神波塞冬（Poseidon）獲得雅典城，雅典便是以她的名字命名，也曾經擊敗戰神阿瑞斯（Ares）保護了希臘，她同時也是處女神、和平神。

朝聖指南

嘉義新港太公廟，是臺灣少數祭祀姜子牙的廟宇，且其廟宇沒有門神，是最大的特色！因為在《封神榜》中，天神地煞都是由姜太公封神，因此太公不怕妖魔鬼怪，凶神惡煞見了祂反而都要逃之夭夭呢！所以廟門只繪上下兩條龍稱「天地雙龍」以象尊貴。

石碇劉伯溫廟是臺灣少數祭祀劉伯溫的廟宇，值得一提的是，此廟還供奉諸葛亮、張良、姜子牙、孫臏、太白金星等，可謂把天下良相、軍師都網羅了。民間有個傳說，姜子牙、孫臏、諸葛亮、劉伯溫是同人的轉世：姜子牙因為未獲神職，所以轉世為孫臏，卻被師弟龐統刖去一腿，再轉世為諸葛亮，因此諸葛亮慣坐四輪推車，但三國未一統，壯志未酬於是再轉一世為劉伯溫，終於統一天下並成仙道，因此有一句話說：「先姜尚，後孫臏，五百年前諸葛亮，五百年後劉伯溫。」

設有城隍夫人的名剎有**霞海城隍廟**，清光緒年間即已供奉，是後來才幫城隍爺配婚的，免得城隍老爺偷看美女。霞海城隍夫人頗受女性信徒喜愛，除了幫忙家務、小孩管教、夫妻和合、專剋小三、求取姻緣、挽回失戀、大小俗事外，御夫也有一套，所以女信徒都會自備小繡花鞋來相求，稱「幸福鞋」或「御夫鞋」。**新竹都城隍廟**也設有城隍夫人，功能與前者相仿。

夫子型

教師、公務員、宗教、醫護、藥品業者；個性有智慧且深沉，善良但不外露的人；命宮或福德宮為天梁星者，屬之。

夫子型雖不主權，卻是地位崇高被尊敬的人物，很像典型的老神仙，在道教裡，以**太白金星**為代表。太白金星是金星的神格化，白髮白鬚，手持拂塵，典型的慈祥老神仙模樣，天庭遇有重大事件，往往需其出面解難才夠力。

醫、藥、護、照人員以福、祿、壽三仙中的「壽星」為代表。所謂「南斗註生，北斗註死」，**南極仙翁**可以賜壽、北極仙翁可以延壽，二仙都是壽星，但一般以南極仙翁為壽星。西方**瑤池金母**（王母娘娘）播桃獻壽，亦主賜壽。

除此之外，凡舉醫藥的神祇如：**保生大帝**、**神農大帝**、**藥師佛如來**、**華陀先師**等，都是有緣神祇。

為人師表者與**至聖孔子**、**亞聖孟子**以及**孔門諸聖**都緣分匪淺。

宗教人員以為人救難解厄為主，在神祇中等級極高，融合佛、道、儒思想，專門救難的**太乙救苦天尊**可為代表，太乙天尊不但至玄至上，法力威猛，也聞聲救苦，渡脫亡靈，幾乎是玉皇大帝、佛、菩薩的合體。

要注意的是，夫子型的人以服務為主，因此忌貪財，不宜求財，反應多布施以求福澤，至於偏財神劉海蟾禪師與五路財神，當然就更應盡量避免。

佛教慈悲教化與不怪力亂神的主張，很適合夫子型的特質，所以有緣親近，其中又以解厄的**藥師佛**和諸佛之師的**文殊菩薩**，性質最為相近。

女性可再多親近 夫子型女性的有緣神祇與男性相同。

其他文化裡的代表

在日本《封神榜》裡，夫子型代表人物是周武王大將**李靖**，封為天梁星，他非常長壽，是「恆常之神」，司掌恆常、統率，一說他是佛教四大天王中的北方多聞天王，也是道教中的托塔天王。他軍紀嚴明絕不徇私，因而和他頑劣的兒子哪吒反目成仇。

在希臘神話裡，夫子型代表人物是**仙人森陶**（Centaurs），他是當時最有名的賢德大師，在山洞裡教導學生各種知識和訓練，希臘各邦城許多貴公子都拜在他的門下，為當代導師，取回金羊毛、迎回太子靈魂的希臘大英雄詹森（Jason）王子，就是他的門生。

朝聖指南

保生大帝是泉州移民的重要信仰，大帝自小茹素習醫，俗稱大道公或吳真人，臺灣第一座廟宇（開臺首廟）便是保生大帝廟！據文物推定，**臺南新化保生大帝廟**（俗稱開臺大道公廟）大約建於明萬曆四十六年（一六一六年）荷據時代，比鄭成功登臺還早四十五年，廟中保生大帝金身亦被認為是全臺第一座唐山神像。

此外，**臺北大龍峒保安宮**與艋舺龍山寺、清水巖祖師廟合稱臺北三大寺廟；大龍峒大道公出巡並與霞海迎城隍（臺北迎城隍）、萬華青山王祭合稱臺北三大廟會，大龍峒保安宮神像金尊乃福建同安白礁鄉慈濟宮迎靈而來。而中部的**臺中市元保宮**、南部的**學甲慈濟宮**都是保生大帝廟聞名廟宇。

星空中，五大行星離地球最近，而其中又以金星最閃耀明亮（故名金星），算是人類看得最清楚的星曜之一，在星曜信仰上地位頗為重要，起初因其明媚，故以美麗女子樣貌出現，後因人們更期待神的能力，便改成神仙形象，象徵智慧、慈祥、壽命——不是帝王級的星曜，也沒有神職，逍遙自在，卻是諸神之師、神界的和事佬、人類的解厄神、玉皇大帝的特使。**臺中太平開基太白仙宮**主祀太白星君，白髮童顏、慈眉善目、自在微笑、身著道袍、手持拂塵，可謂標準的「仙」貌（有職務者為神，無職務者為仙）！**竹北太白宮**也同樣主祀太白星君，是客家文化的信仰重地。

太乙救苦天尊的「太乙」即「太一」，為「至大為一」的太極之意，在道教上幾乎與玉皇大帝同等，但卻以聞聲救苦為職志，化身十方三界無所不在，所以玉皇大帝是太極的神格化，那太乙救苦天尊便是氣——尤其是「正氣」——的神格化。此外，祂還融合佛教觀音持淨瓶（或蓮花）、文殊坐獅的造型，住在東方長樂世界，與極樂世界寓意相同；道教超渡法會時，太乙天尊是主神，超拔亡靈至長樂世界，與阿彌陀佛相似。**新竹寶山溪源洞老仙爺廟**，主祭太乙天尊，原始廟宇有百年以上歷史，是竹東、竹北的信仰中心，但因寶二水庫興建淹沒而遷到壩口附近暫奉，希望能重建成功，再現古廟神威。**宜蘭市妙嚴宮**主祀的太乙救苦天尊稱青玄九陽上帝，是鸞門的儀式。太乙救苦天尊後又應化為十方救苦天尊以濟世渡亡，後又為渡化冥界生靈而化生十殿冥王。

戰將型

運動選手、軍警、保全、旅遊、營造、交通、重工業者；個性敢衝，但能思考戰略的人；命宮或福德宮為七殺星者，屬之。

戰將型的人喜有將軍、元帥之風，神祇中最有名的兩位歷史性真實人物元帥是**岳武穆侯**（岳飛、岳元帥）與**順平侯**（趙子龍，鎮遠將軍）。另據《桃園明聖經》記載，**張飛**（張桓侯）轉世為岳飛，張飛亦堪稱元帥，所以三位都是戰將型的有緣神祇。此外，**開臺聖王鄭成功**（國姓爺）、**開漳聖王陳元光**（陳府將軍）也都已封為聖王，當然也屬元帥級了。

至於傳奇裡最有名的元帥，當然是**中壇元帥**（三太子哪吒，太子爺），祂是東南西北中五營的中營元帥，雖是小孩形象，武功之高，可能少有出其右者。而其他四營元帥則為：東營溫瓊元帥、南營康席元帥、西營馬華光元帥、北營趙光明元帥。

玄壇元帥趙天尊（財神爺趙公明），是五（八）路財神的中路財神，戰將型之人最宜補充祿氣，以求能量補給源源不絕，可多供奉兼具元帥與財神雙重身分的玄壇元帥。

玄天上帝原本是個屠夫，後來因為悟道而自己剖腹掏腸，洗滌罪過，並斬妖除魔，降服龜蛇二煞，後又屢現神蹟，是道教除了玉皇大帝外，被封為「上帝」級的（一般為「大帝」或「帝君」），是放下屠刀、立地成佛的最高榜樣！

專門抓鬼、殺鬼、吃鬼的**驅魔帝君鍾馗**，和**伏魔大帝關聖帝君**、**蕩魔天尊真武帝君**（玄天上帝），合稱為道教的三大伏魔帝君，都是軍警、保全、維安業者的親近神祇。大抵上，伏魔有兩個方式，一是勸導，二是斬除，在佛教上較偏向前者，在道教上較偏向後者，這可能與道教鬼道信仰太深有關，但現在道教法會也經常以勸導為主。鍾馗的法器有一面扇子，上面「佛」字中的「弗」不是兩直，而是三直，傳說是因為皇帝和玉帝特別敕封，讓祂比一般人更佛法無邊，上天下地暢行無阻，不用稟報。

佛教有四位護法，道教也有四位護法，稱為「護法四大元帥」：馬子貞、趙公明、溫瓊、康妙威，亦有再加四位成為「八大元帥」：鄧忠、辛環、苟章、畢環，祂們都是傳奇裡的人物，象徵古人對忠勇的追求。

戰將型的人向來征戰過度，耗氣過重，應該多求「祿」來補氣，漢民族祿神除了福、祿、壽三仙的**祿神**外，還有立於關聖帝君旁，手持竹弓鐵彈的**張仙大帝**（張生）、文昌帝君旁陪祀的**送祿神**與**祿馬**，另外彌勒佛相傳化身為**布袋和尚**，也能為人帶來祿氣，其皆能為戰將型的人帶來祿氣的挹注。

佛教中的**四大天王**、**韋陀尊者**、**伽藍尊者**（關公）是佛教中的護法元帥，有緣親近，可惜在臺灣只被當成佛教寺廟的門神或監壇。離地球（人類）最近的天是四大天王，四大天王就是此天的四位統治者。

四大天王各有八神將，合計三十二神將，韋陀尊者是三十二神將之首，也大概是佛教裡唯一斯文帥哥造型的護法神，佛書經常印有祂的神像，保佑修行者平安。關公麥城一戰失利被捕後遭斬首，據說冤魂不散，四處遊蕩，後在唐朝被智者大師於玉泉山感化，所以佛教稱關帝為伽藍尊者，與韋陀成為漢族佛教的兩位護法與監壇之神。

女性可再多親近 戰將型女性個性過強，宜多親近祿神、張仙大帝、彌勒佛等挹注祿氣，亦可多親近「元君」如王母娘娘、天上聖母、觀世音、九天玄女、臨水夫人等，以增進福澤。

其他文化裡的代表

在日本《封神榜》裡，戰將型的代表人物是原為紂王大將，後改邪歸正投靠周武王的**黃飛虎**，封為七殺星，是「戰鬥之神」，司掌肅殺及威猛，他的驍勇善戰在當時非常聞名，後來為國捐軀封為「東嶽大帝」，並被尊為正神。

民間信仰上亦另有以東嶽大帝為「齊天王」（非「齊天大聖」孫悟空）、「天齊仁聖帝」者，是與東華帝君同時化身的弟弟。

在希臘神話裡，戰將型的代表人物則是**戰神阿瑞斯**，阿瑞斯雖然是力量與權力的象徵，但卻只問征戰，不問是非，以致成為神界和人類災禍的化身。他的兒子羅馬拉斯（Romulus）是開創羅馬城的第一位國王，所以後來羅馬的練兵場叫做「馬斯廣場」（馬斯是阿瑞斯的羅馬名），而戰勝的將軍們也都要給戰神馬斯獻月桂冠。

電音三太子近來成為臺灣信仰文化新潮、再生的展現象徵，而且還躍上國際舞臺，可見三太子在臺灣人心目中充滿活力的地位，且因其兒童形象，也被認為是孩童的守護神。

高雄市化龍宮是臺灣三太子的開基廟宇，廟中還供奉罕見的馬夫、神馬，為先人渡臺時所攜帶的金尊，全島主祀三太子的最大廟宇**高雄市三鳳宮**也是由化龍宮分靈而出。**高雄市保安宮**的三太子金身清咸豐年間即來臺，光緒間正式建廟供奉，其依山（鼎覆金山）傍水（金獅湖）的富麗建築，優美異常。

澎湖縣白沙鄉赤崁龍德宮，是由祖孫三代皆受清朝封為「懷遠將軍」的張氏人家所建，為村民宗教信仰中心，地位重要。

說到斬妖除魔最威赫者，非玄天上帝莫屬！佛教密宗的北辰妙見菩薩也是玄天上帝化身，可見在宗教交流中，玄天上帝的威赫亦受肯定，並封祂為中土最大守護神！早期，臺南安平沿海一帶，因地形酷似玄武（蛇與龜），成為玄天上帝廟集中的地方，如今則以**臺南市北極殿**（大上帝廟）、**開基靈佑宮**（小上帝廟）為鎮臺宮廟。**南投名間受天宮**位於松柏嶺重山疊翠之中，風景優美仿若仙境，由此分靈出去的玄天上帝廟計四千餘座，有臺灣玄天上帝總廟之譽。

嘉義竹崎光祿廟主祀鍾馗，金身是清道光年間由河南（相傳鍾馗曾任職於此）奉請而來，並另祀有文武不同造型的鍾馗神像（法會、鎮煞用武身造型；祭祀、祈祥用文身造型），還陪祀有鍾馗夫人，以及含冤、負屈二將軍，是嘉義地區信仰重鎮。**雲林西螺弓孝宮**也有百年歷史，相傳日據時代，日軍懷疑這裡有軍事基地，而派機掃射轟炸，雖然造成財物損失，但人民都安然無恙，從此村民信仰更為堅貞。西螺的鍾馗信仰後來隨著鍾姓氏族傳到**彰化水尾建立震威宮**，該廟亦有百年歷史，也是水尾的信仰重鎮。

佛教中的四大天王分別為：南方增長天王、東方持國天王、北方多聞天王、西方廣目天王，祂們分持寶劍、琵琶、華傘、龍蛇，象徵風、調、雨、順，漢族塑像裡還分別腳踏酒、色、財、氣四種人類無明欲望，以彰顯戒律。一般較具規模的佛寺，川門進入後首見彌勒佛，象徵佛法一見歡喜，之後是四大天王殿，以為護教，**臺南市開元寺**、**南投埔里中臺禪寺**等佛寺的四大天王都塑造得極為高大莊嚴，栩栩如生，極富藝術價值。

冒險型

航空（海）、爆破、拆除、特技、危險競技、特殊軍警、冒險性導遊業者；個性衝動，往往不計較前因後果的人；命宮或福德宮為破軍星者，屬之。

冒險型是「衝鋒隊」，衝擊性極強，主征戰、打頭陣，與**五府千歲**（將軍、王爺）有緣。五府千歲有很多姓氏的組合，以李、池、吳、朱、范為最原始，臺灣很有名的屏東東港「燒王船」所指的「王」是以瘟王爺為首，再加五府千歲，王爺主管瘟疫，所以百姓希望把瘟（瘟）王爺敬心供奉後送走，因此有燒王船的習俗。王爺也是玉皇大帝的人間欽差大人，配有先斬後奏的尚方寶劍，因此王爺府也多稱為「代天府」。

三山國王（廣東獨山、明山、斤山的三位山神）有平亂的聖蹟武功，因而也與冒險型有緣，同時也是閩南客家人的守護神。閩南客家人的守護神，同時也是冒險型性質的還有**義民爺**，祂們都是臺灣歷史上戰爭、起義、民變、械鬥中為保護家園而死亡的英靈。

八家將有**八神**的（四大將與四季神），最多為**十三神**（甘爺、柳爺、范爺、謝爺四大將；春大神、夏大神、秋大神、冬大神四季神；武判官、文判官；文差、武差、什役），往往在廟會時打頭陣驅魔，威力不小。官將首也是一樣，有兩位：**增將軍**和**損將軍**，是執掌陰兵陰將的刑法將領，可驅魔逐瘟。祂們也都具有冒險性格，也是與冒險型有緣的神祇。

千里眼、**順風耳**兩位本是一起為孽的山妖水怪，後被媽祖天后收服，也是非常勇猛而且神通廣大的將軍，有眼疾、耳疾的人也不妨求之。

虎爺雖然是傍生，但英勇異常，是土地神，如山神、城隍爺、土地公的坐騎，馴化後反能保護人畜家宅，一般置於桌下被祭祀。其他又如，保生大帝醫療了喉中有刺的老虎、張天師（張陵）馴服了老虎幫祂守煉丹爐、武財神趙公明的坐騎黑虎將軍，也都是另一類型的虎爺，跟隨著這些神明，在廟宇被人們祭祀。雖然虎爺是坐騎，但在臺灣虎爺卻因勇猛能驅煞、有「福」，還是兒童守護神，也是冒險型守護神。

廣澤尊王手持劍、印，專門守護異鄉發展的人，而且廣澤尊王成仙後生了十三個兒子，稱「十三太保」，多子多福，福祿綿長，非常適合冒險型的人親近。

冒險型的人向來征戰過度，耗氣過重，應該多求「祿」來補氣，與戰將型的人相同。

佛教《佛說北斗七星延命經》稱**破軍星**是「東方琉璃世界藥師琉璃光如來佛」、虛空藏菩薩，有緣親近。冒險型的性質與佛教護法如**伽藍**、**韋馱**相近，所以緣分匪淺。

女性可再多親近　冒險型女性的有緣神祇同戰將型（六九頁）。

其他文化裡的代表

在日本《封神榜》裡冒險型代表人物是亡國暴君**紂王**，封為破軍星，為「破耗之神」，司掌破損、消耗。紂王體力過人，敏捷善辯，曾經立有征伐之功，但國勢穩定後卻沉迷酒色，迫害忠良，終至亡國，是典型的先發後敗。

在希臘神話裡，冒險型代表人物是**西修斯**（Theseus）國王，他早年除暴安良，完成六大功動，並驅逐篡臣中興王朝，還聯合各部落成為一個鞏固的聯邦。但晚年縱情聲色，為了搶奪美女海倫（Hellen）大動干戈，後來被人民放逐到小島而死。

朝聖指南

「〇府千歲（王爺）」信仰在南臺灣很風行，**臺南北門南鯤鯓代天府**是全國千歲信仰（王爺文化）的中心，也是總廟、開基廟；**麻豆代天府**也是南部王爺信仰重鎮，此兩廟占地寬闊、金碧輝煌、儀式隆重，可見千歲信仰之遼闊與虔誠。而在千歲信仰中，首先將送王船出海遊地河改為燒王船遊天河的是**臺南西港慶安宮**，而最富盛名的則是**屏東東港東隆宮**。

「三山國王」顧名思義是合祀大王、二王、三王三位山神（但亦有單獨祭祀的），在廣東的祖廟卻是三王居中為主祀，據聞是三王法力最高，臺灣則以誰開基誰為主祀，不見得以大王為主祀。**屏東九如三山國王廟**是全臺歷史最悠久的三山國王廟，也是保存客家文化最完整的古廟，值得探遊。**臺南市三山國王廟**，為廣東潮州式風格建築，是保留特色最豐富的三山國王廟。

臺灣供奉的廣澤尊王大多是由泉州移民從廣東南安的鳳山寺分靈而來，是具祖籍色彩的神祇。**臺南市永華宮**是全臺廣澤尊王祖廟，後來因為紀念鄭成功部屬陳永華將軍而改名。鎮殿老太王神像據載就是陳永華由南安鳳山寺恭迎而來，為臺灣目前最早也可能是唯一的廣澤尊王「軟身」金身（關節由籐條製作可活動之神像）。**臺南市西羅殿**主祀廣澤尊王，是大臺南地區廣澤尊王的總廟。

與廣澤尊王同一地方信仰的還有靈安尊王，是三國東吳孫權的副將，在臺灣稱為青山王，是一位地方神，其職務為在數個地方巡狩，轄區比城隍爺大。**臺北萬華艋舺青山宮**是國定古蹟，除了是臺北三大廟會之一外，相傳還是北臺灣八家將的起源，每年祭祀更稱為「艋舺大拜拜」。八家將是臺灣非常著名的陣頭，**臺南市元和宮全臺白龍庵**開啟以信徒扮演神將，衛護主神出巡的科儀，是臺灣家將陣頭的源起，起初規模尚未完備，後來傳至**嘉義市慈濟宮如意振裕堂**後正式成為「八將」形式，至今後者仍每年向前者晉謁。

臺灣主祀虎爺的廟宇有**彰化市彰邑明聖廟**，祖廟是江西玉京峰，虎爺原陪祀於彰化城隍廟，已有三百年歷史，因保護彰化有功，所以二〇〇一年另起新廟成為主神。**新北市石碇伏虎廟**，祖廟是四川峨嵋山伏虎寺，是北部虎爺名廟。

但在臺灣虎爺信仰最盛的是下列四座知名媽祖廟，在此虎爺不是主神，卻受皇帝敕封並擁有廣大的後援會粉絲團，而且其他虎爺亦多由此處分香而去呢！**嘉義朴子配天宮**的虎爺是全臺唯一由嘉慶皇帝詔封身穿龍袍的虎爺，稱為山軍尊神，供奉於神桌上。**嘉義朴子龍安宮**五府千歲的虎爺，於咸豐年間因醫好國母之病，被封為「黑虎將軍」，供於神桌上，共有五虎爺，現也稱為山軍尊神，據聞在建廟之前虎爺金身已先前來，已有五百年歷史。**北港朝天宮**神桌下有六尊虎爺，虎爺信仰風行異常，附近甚至被稱為「虎爺街」，媽祖出巡時，虎爺單獨坐轎，被鞭炮炸轎（臺灣習俗）的盛況還堪稱一大特色！**新港奉天宮**虎爺稱為臺灣開基虎爺公，祂被嘉慶皇帝敕封為「虎狀元」，所以頭戴狀元金花、身披狀元綵帶，並供奉於虎爺殿上（而非桌上），左右還有兩尊老虎侍神，果然是等級與待遇最高的虎爺公。

學術型

學術、研究（發）、論文、純文學創作者；個性喜歡治學、考據、證實，言之有據、言之有物的人；命宮或福德宮為文昌星者，屬之。

學術型的有緣神祇無疑就是**文昌帝君**（梓潼帝君）。天上的「文昌」原是漢族的一個星官（星組），一共有六顆，統稱為文昌。不過，後人又有以在四川推廣教化，居功厥偉的梓潼神為文昌帝君。

因為天上有五文昌星組——文昌、三臺、文曲、魁越、奎宿，所以在神祇信仰上也發展出「五文昌」，分別是：文昌帝君、**魁斗星君**、**朱衣神君**、**文衡帝君關公**、**純陽祖師呂洞賓**（得道書生）。

朱衣神君一說為朱熹，因「朱熹」與「朱衣」音極為相似，但《桃園明聖經》言明，朱衣神君是紫微宮的一個星座，掌管文昌及武曲，後轉世為關聖帝君；且朱衣神君早在歐陽修的詩中就已提及，可見祂並非後來才出生的朱熹。另，魁斗星君雖是自然崇拜神格化，但金榜題名乃在祂的臨門一腳（魁星踢斗），所以備受尊崇。

學術型的人可至文昌廟安「光明燈」或「龍門燈」以求補足元神光彩。

在佛教，學術型的代表是**文殊菩薩**，若能經常奉誦文殊菩薩神咒，自當有其效用。

其他文化裡的代表

在日本《封神榜》裡，學術型代表人物是女將**鄧嬋玉**，封文昌星，是個可愛但又樂天率直的巾幗英雌，司高尚、淑德、粉飾，她曾以彈石神功連續擊敗了哪吒和龍鬚虎，後來因與土行孫有宿世因緣，因而姜子牙撮合其婚姻，並歸順周朝。

朝聖指南

孔子生於北方山東、梓潼帝君生於南方四川，因此，以前有「北拜孔子，南拜文昌」的說法，其實都是士人守護神。

讀書人要拜孔子，不過，歷代以來祭孔都是朝廷的公務，在早期，民間不能私設孔廟（但可陪祀），各地都有公設孔廟，其中又以號稱「全臺首學」的**臺南孔廟**歷史最為悠久，**臺北市孔廟**則為中央祭孔大典之處，地位最為重要，而**彰化孔廟**、**臺中孔廟**、**高雄孔廟**也都享有盛名。孔廟不設神像，而是以牌位為之，孔子七十二弟子，以及孟子、韓愈、朱熹等歷代大儒學家都為孔子的陪祀。孔子最高曾被封為大成至聖文宣王，因此民間亦有孔子的帝王造形，孔廟並陪祀有祂的父母。

讀書人喜「聰明」，耳敏謂之聰，目敏謂之明，即「耳聰目明」之意，但是文昌帝君的兩位侍神童子卻分稱天聾、地啞，各捧官印與書卷，無非是告誡讀書人勿自以為聰明，且為官應「知者不能言」，謙受益，滿遭損，才是士人之道！另外，閩南人的文昌廟多陪祀在閩南講學的朱熹，客家人多陪祀貶放潮州的韓愈，這也是特色之一。朱熹是「新儒學」（道學）代表人物，**嘉義北港朱子公廟**是全臺唯一奉祀朱熹的廟宇；韓愈是孟子以來儒學第一人，**屏東內埔的昌黎祠**則是全臺灣唯一祭拜韓愈的廟宇。

臺中市四張犁文昌廟，是清嘉慶年間，由地方文蔚、文炳兩大學團共同籌組，並建有讀書廂房教育學子，還設有燒紙亭，將用過的字紙恭敬焚燒，不可亂扔踐踏，可見古人對字與紙的尊敬已達信仰程度，值得現代人學習！**苗栗文昌祠**亦是於清同治年間，由地方仕紳所倡蓋，一樣深具教化歷史與意義。供奉文昌帝君的另一特色便是慣與書院結合，如：**臺中大肚磺溪書院**、**彰化興賢書院**、**雲林西螺振文書院**、**高雄內門翠文書院**、**屏東書院**，南投四大書院：**草屯登瀛書院**、**南投市藍田書院**、**集集明新書院**（明潭正心書院已消失）……。可見文昌信仰與儒學、科舉完整結合的地位。

五文昌一般以文昌帝君為主祀，其餘則刻成小神像置於旁邊陪祀，但**臺北市雙連文昌宮**卻設有關聖帝君、文魁夫子、朱衣神君專用殿堂，這尊朱衣神君恐怕是臺灣最大的朱衣神君像，歐陽修曾詩云：「文章自古無憑據，惟願朱衣暗點頭。」可見朱衣神君對學子中第的重要，文昌宮同時也是臺北市學子的必拜廟宇。

臺中大甲文昌祠建於清光緒，原是由地方舉人、貢生共同興建的義塾，它的特色為陪祀的是朱熹、韓愈、魁星、孔子，而非五文昌。日據時代日人占用該廟，所以和地方民眾發生嚴重衝突，最後日人被迫退出，後來此地還成為影響臺灣前途甚劇的臺灣文化協會講習所，可見日據時代，宗教常常成為臺灣文化和民族精神的保存所和根據地，此廟因而列為國家古蹟。

文創型

各類文藝創作、文創產業、大眾文學寫作者；個性喜歡自由塗鴉，不拘泥於現實，重藝術效果的人；命宮或福德宮為文曲星者，屬之。

北斗前三顆化為「魁星」，與第四顆文曲星合稱「文曲魁星」（文魁），尊稱為「大魁天子」，是北斗七星的勺子（其餘三顆為柄），所以除了**文曲星**外，「魁星踢斗」的**魁星**與狀元造型的**大魁天子**，都是文創型的有緣神祇。

民間相傳，以前許多狀元是文曲星轉世，文昌星是帝君，不會隨意轉世，因而文曲主的事務較文昌世俗化，文昌主正統學術與科考文章，而文曲主文藝創作，諸如小說、戲劇、傳奇、歌謠等，但因民間沒有專祀文曲的神祇和廟宇，所以民間會將文昌帝君當成「文藝神」。因此，文創型也可以親近「五文昌」（見學術型 七七頁）。

如果從事小說、戲劇、傳奇、歌謠等創作，也可親近**田都元帥**（「相公爺」與「雷元帥」）。

佛教《佛說北斗七星延命經》稱文曲星是「東方無憂世界最勝吉祥如來佛」、十一面觀音，有緣親近。**文殊菩薩**也很適合親近。

女性可再多親近

文創女性的有緣神祇與男性相同。

其他文化裡的代表

在日本《封神榜》裡，文創型代表人物是協助姜子牙的**女仙龍吉**，封文曲星，司掌幽雅、文思和辯才。她的雙親都是仙人，所以是崑崙山最強的術士，但只能生活在不染紅塵的地方，精通六藝，口才便給，人稱「水之仙女」，她的弟弟——燃燈道人是《封神榜》從佛教假借過來的，燃燈佛還是釋迦牟尼佛的師傅呢！

朝聖指南

徒有一身絕學卻苦無發揮之地，即是懷才不遇，這也是讀書人最怕的，所以除了文命要旺盛外，科運旺盛也相當重要，相傳「金榜題名」便是被大魁天子點中而得到功名（狀元是被皇帝欽點中選，故稱文魁為天子），因而古人科舉前都必須至魁星樓祭祀魁星！**澎湖馬公文石書院**魁星樓建於清道光年間，名列歷史古蹟之列，也是臺灣唯一有魁星樓的書院，而且景象壯美，眺海望遠，猶如前程無量。金門向來文風鼎盛，**金城魁星樓**一樣也見證了士人的心路歷程。

雲林臺西明聖宮是臺灣的魁星祖廟，相傳其金身於清道光年間就祭祀於雲林褒忠文昌祠，光復以後才建廟專門主祀。**臺南赤崁樓**的文昌閣也祀有魁星爺，是標準的魁星踢斗與獨占鰲頭形象——右足踏鰲頭、左足踢北斗、右手執朱筆、左手拿元寶。七夕、中秋、重陽祭祀魁星，文運更強。

輔佐型顯性

幕僚而偏向執行者；個性類似老大身旁第一號人，猶如特別助理或副官的人；命宮或福德宮為左輔星者，屬之。

輔佐型的人要親近輔佐型的神祇，而其中的代表神祇便是輔佐「斗母」的**左輔星君**、**右弼星君**與**六十太歲將軍**。左輔、右弼是「斗母」的左右護法，六十納音化身六十太歲星君，六十星君每年有一位星君輪流值年，**斗母**就是祂們的主子，斗母也是眾星曜的母星，所以斗母對每個人的本運和每年運勢都有極大的影響。輔佐型顯性的人有緣神祇就是左輔、斗母，此外，對自己和每年的太歲星君亦應多禮拜。不過，左輔與右弼只能盡忠職守，不能對君主有僭越之心，否則功高震主，因此需確守「老二哲學」，並「知所進退」，漢民族歷史上能創造罕世功勳，卻又能全身而退的宰相軍師，只有**張留侯**（張良）、**諸葛武侯**（孔明），所以可以親近。

佛教上的**文殊菩薩**、**普賢菩薩**、**觀世音菩薩**、**大勢至菩薩**都是輔佐佛的菩薩，有利親近，尤以文殊、觀世音因為是菩薩之首，地位與輔佐型顯性較相近。

女性可再多親近 輔佐型顯性的女子個性易流於柔弱，隨遇而安。環境會不斷變遷，故應堅定心念，有緣神祇與男性相同。

其他文化裡的代表

在原始《封神榜》裡，輔佐型顯性的代表人物是紂王將軍韓榮之長子**韓昇**，封左輔星，韓榮因紂王無道，想棄關降周，但如此又是不忠，便想棄官遁入山林。兩難之時，韓昇和弟弟韓變堅持不可不忠於君，力主父親開戰，因而還大勝姜子牙，後來兵敗被捕，三人仍堅不獻城求降，因而殉死，但其志節忠貞，鬼神同泣，武王厚葬了他們。

朝聖指南

坊間沒有專祀左輔、右弼的廟宇，所以應該祭祀斗母廟。**高雄田寮斗姥廟**大概是臺灣唯一主祀斗母的廟宇，此外並陪祀九皇星君、五斗星君、二十八星宿神、十二生肖神與六十甲子太歲，可謂是專門祭祀天上星曜、星君的廟宇。一般廟宇如設有六十太歲殿，也必然有斗母。

高雄鳳山鳳邑玉皇宮（天公廟）建於清嘉慶年間，是極有歷史的古廟，經不斷整修後，如今金碧輝煌，充滿南式宮廟建築之美，深富藝術價值，堪稱鳳山地區香火最鼎盛之廟宇，天公廟中設有斗母廟，並陪祀各種星君。

輔佐型隱性

幕僚而偏向企劃者；個性像祕書一樣細心，能將日常庶務打理得井井有條的人；命宮或福德宮為右弼星者，屬之。

右弼星君是斗母的右脅護法，其餘同輔佐型顯性。

佛教上的**文殊菩薩**、**普賢菩薩**、**觀世音菩薩**、**大勢至菩薩**都是輔佐佛的菩薩，有利親近，尤以普賢、大勢至因為是次位菩薩，地位與輔佐型隱性較相近。

女性可再多親近

輔佐型隱性的女子之有緣神祇與男性相同。

其他文化裡的代表

在原始《封神榜》裡，輔佐型隱性的代表人物是紂王將軍韓榮之次子**韓變**，封右弼星，其餘同輔佐型顯性。

朝聖指南

見輔佐型顯性 八四頁。

貴人型顯性

文化、救濟、公益事業偏向執行者；個性是大家眼中的貴人，經常出手助人的人；命宮或福德宮為天魁星者，屬之。

貴人型的人要親近貴人星。**天魁**、**天越**兩星合稱「魁越」，合成天上一個星宮（星組），是貴人星，本身是貴人，也是他人的貴人（即「坐貴向貴」）。有些人雖然自己是貴人，卻不願意幫別人，如此便不是他人的貴人）。天魁星不是北斗前三顆合成的「魁星」，也不是五文昌的奎宿，不可混淆。

貴人型顯性的人，應多親近天魁，天魁星是三十六天罡、七十二地煞，合計一百零八星之首，其重要性可想而知；民間也有具足一百零八罡煞的「蜈蚣百足陣」，由天魁統領，其聲勢是所有民俗陣頭之最。在《水滸傳》當中，天魁星就是及時雨宋江，宋江於是成為天魁的守護神。

民間少專祀天魁、天越的廟宇，所以，同質的**魁星**、**大魁天子**都是貴人型的有緣神。魁越是五文昌之一，主文煥榮發，與文昌、文曲性質雷同，因此可以親近「**五文昌**」（見學術型七七頁），來增進科名秀發的緣分。因為天魁是文明星，所以不適合繁文縟節的鬼神道，適合佛門諸佛之師、智慧象徵，也是空智思想的啟蒙者：文殊菩薩；在道教都會點「文昌燈」來祈佑文運，在佛教則是點「文殊燈」。

輔佐型或貴人型的人，因為喜歡幫助別人，有時難免會被嫌為制肘他人，或「公親變事主」，反而惹來非議甚至官司，此時就應該親近能夠解小人是非的「司法神」，如**東嶽大帝**（天齊仁聖帝）、**包公**、**青山王**（靈安尊王）。

在佛教上，貴人型的人因為較文明，對繁褥及殺生的宗教祭典較不適應，反而對清靜的佛門妙理有較高的領悟，適合親近佛教，尤其是**文殊菩薩**和**禪宗**。

女性可再多親近 有緣神祇與男性相同。

其他文化裡的代表

在原始《封神榜》裡，貴人型顯性代表人物是**高衍**，封天魁星，但書中並未詳細記載高衍的事蹟，只說「俱萬仙陣亡」。

朝聖指南

臺南學甲中社田府元帥廟和**安南中洲田都元帥廟**都俗稱宋江館，後者的香火是由前者分出，祭祀的都是田都元帥宋江爺，在臺灣田都元帥是宋江陣的祖師爺，所以兩者搭配稱呼。歷來推廣宋江陣最負盛名的是高雄內門，區內的**內門紫竹寺**及**南海紫竹寺**有一百四十餘年歷史，向來傳承陣頭文化不遺餘力。而現今將宋江陣辦得最成功猶如嘉年華盛會的，是**內門順賢宮**，該宮宋江陣頭不但成為宋江陣第一品牌，還入選臺灣觀光年曆重要節慶活動，成為國際創意觀光活動，大陸還反過來取經，實屬文化創意產業的典範。

一般佛寺之前多設有雙龍、雙象或雙獅為守護，**新北市中和圓通寺**山門前則左為獅、右為象，獅是文殊菩薩坐騎，象是普賢菩薩坐騎，主殿祭祀「華嚴三聖」，左邊即為文殊菩薩，一般來說，文殊多為陪祀。**臺南市的法華寺**與**開元寺**合稱臺南兩大古剎，都陪祀有為文殊菩薩，開元寺有三百多年歷史，堪稱臺灣佛教叢林之始，極具宗教、文化、歷史價值；而法華寺則融合道教信仰，且景緻優美，是臺南文人雅士聚集之地。

禪師是佛門禪宗法師稱號，但為道教所信奉的有濟公禪師和清水祖師。在臺灣，濟公多屬乩壇和一貫道信仰，而成為歷史民俗信仰的則是清水祖師，祂是北宋福建泉州安溪的高僧，因為有道行故於閩南一帶深具聲望，臺灣**臺北市艋舺清水巖**、**新北市三峽長福巖**、**淡水清水巖**合稱臺北三大祖師廟。

三峽長福巖人稱三峽祖師廟，素有「東方藝術殿堂」之稱，不僅如此，臺灣割讓給日本後，北臺灣人民據此作為抗日大本營，廟宇還因此被日本人焚燬，所以它還是民族聖地！而淡水祖師廟熱鬧盛況人稱「淡水大拜拜」；艋舺祖師則因為會掉落鼻子向信徒示警，被稱為「落鼻祖師」，故事頗多。

貴人型隱性

文化、救濟、公益事業偏向企劃者；個性為大家眼中的善人，默默出力，不搶鋒頭的人；命宮或福德宮為天越星者，屬之。

貴人型隱性的人要親近**天越星**。天「越」星原名天「鉞」星，因為是陰星元君痛恨假面書生，故授以「斧鉞」，許多風流書生、敗德公子、斯文敗類的暴斃橫敗，就是天鉞星給他們的懲罰，但因「鉞」給人驚駭的感覺，後人才以「越」來替代，也有「卓越」之意。因此，天越星有母性陰柔與捍衛女權的雙重特色。

女神中與天越一樣，同時具備婦人德行又持刀劍懲奸除惡者，只有**臨水夫人**（順天聖母）陳靖姑，算是在以男神為主的伏魔界中給女性出一口氣，同時祂也是順產與婦孺之神，並因顯聖救皇后產下太子而受敕封，所以臨水夫人是主婦救主、小三剋星當之無愧。貴人型隱性之人易有柔弱依賴性，親近陳靖姑可培養獨立性。

佛教：同貴人型顯性八七頁。

女性可再多親近 貴人型隱性的女性有依賴性，應該培養獨立的個性，以免所仰賴之人變成小人，反而無法自拔。有緣神祇與男性相同。

其他文化裡的代表

在原始《封神榜》裡，並沒有天越星，改名為**天罡星黃真**。

朝聖指南

臨水夫人陳靖姑除了是三奶夫人的大奶外，自己更是受策封為順天聖母的聖母級神祇，除了有三奶夫人保護家庭、主婦、兒童、順產的能力外，更有斬妖除魔的無邊法力，是福州人的守護神，祂的主祀廟宇經常以三奶形式出現。**臺南白河臨水宮**是臺灣最早的臨水夫人廟，籌建於清雍正年間，金身與牌位來自福建古田縣祖廟，號稱臺灣臨水夫人開基廟，除了陪祀另外兩位夫人，並祀有三十六宮，祂們原本是皇帝妃子，後來全成為夫人的徒弟。

臺南市臨水夫人廟建於清乾隆元年，是臺灣最有名的臨水夫人廟，並陪祀花公、花婆及三十六婆祖（由三十六宮而來），相傳每個人都有一棵本命樹（女人為本命花），上面開幾朵花就會有幾個子女，白花為男生，紅花為女生，並有賴花公、花婆幫忙照顧，讓子女長得好；此外，還有人會想換花（換嬰兒性別），這當然不宜。由此可知，前者是傳統的信仰，後者是後期的信仰。

其他文殊、禪宗同貴人型顯性八八頁。

金庫型

獎金敘薪、包租公、祖產豐厚者；個性愛錢，愛儲蓄、財運佳的人；命宮或福德宮為祿存星者，屬之。

金庫型的人喜歡「祿」，祿有兩個意思，一是福祿，比一般的福氣更有加官進爵之意，譬如官祿；二是財祿，也是比一般的財更有官貴之氣，譬如俸祿。

金庫型的人有緣神祇除了福、祿、壽三仙中的**祿仙**，還有立於恩主公（關聖帝君）旁，手持竹弓鐵彈的**張仙大帝**（張生）、文昌帝君旁陪祀的**送祿神**與**祿馬**，另外彌勒佛相傳化身為**布袋和尚**，也能為人帶來祿氣。

至於「財祿」的財神則十分複雜，一般可分成三類，一是聖賢崇拜，二是傳奇崇拜，三是自然崇拜：

在第一類聖賢崇拜裡，**比干**因被紂王挖心，了無私心，被封為庫神與文財神；**關聖帝君**因為重義，被封為武財神。比干和關公是正財神，偏財神則有相傳發明賭具的**韓信**。

第二類傳奇崇拜，《封神榜》裡封「招寶天尊蕭昇」、「納珍天尊曹寶」、「招財使者陳九公」、「利市仙官姚少司」四位神仙專司迎祥納福、商賈買賣，而以**玄壇元帥趙公明**為統帥，合稱「五路財神」，趙公明屬正財神，其餘屬偏財神；臺灣有名的「炸寒單」，裡面的寒單爺就是趙公明，所以也稱「炸財神」，「玄壇」的臺語音似「寒單」。此外，關帝身邊的**張仙大帝**，傳為文昌應化，除了送子，也是送祿神；另一位關聖恩主公身邊的**火神豁落靈官**，統籌百萬貔貅（送財獸），也是送財神。而土地公、布袋和尚和戲三腳蟾蜍的**劉海蟾禪師**被視為準財神，相當於財神。

第三類自然崇拜，人們很自然認為有一位「財神」，並陪祀「招財使者」和「利市仙官」二仙，後來又有「利市婆官」和「招財童子」產生。民間常見「跳加官」就是京劇「天官賜福」的簡版，而「跳財神」就是「利市仙官」了。

所謂「匹夫無罪，懷璧其罪」，擁有福祿、財祿自然招嫉，不得安寧，因此金庫型的人更應低調，而非「擁祿自重」即可。

佛教《佛說北斗七星延命經》稱**祿存星**為「東方圓滿世界金色成就如來佛」、不空絹索觀音，可有緣親近。此外，佛教的**北方多聞天王**（財寶天王），俗稱「財神之父」，密宗則有**黃**、**紅**、**綠**、**白**、**黑五位財神**、**象頭王財神**。

女性可再多親近

金庫型女性持家有道、儉以致富，但有時會流於吝嗇，有緣神祇與男性相同。

其他文化裡的代表

在《封神榜》中沒有祿存星的封神，祿存的天文名稱「天璣」也沒被封神。

朝聖指南

福祿壽三仙中的祿仙手抱嬰兒，來自典故「祿仙送子」，且其為英俊熟男造型，這與張仙大帝風度翩翩，手持彈弓射殺食月的天狗守護嬰兒的說法一致，所以祿仙就是張仙大帝，**臺南開基武廟**便有陪祀張仙大帝，許多恩主公廟亦多陪祀張仙大帝。

一般文昌廟少有祿馬等雕像，**新北市新莊文昌祠**即陪祀有祿馬、送財神、劍僮、印僮，是最完整的奉祀，同時也是全臺第一尊祿馬爺；**萬華龍山寺**則單獨祭祀祿馬，祿馬帶財，馳騁萬里，意義吉祥。

除了道教諸神，佛教也有很多財神，**臺南左鎮的噶瑪蘭居寺**是密宗在臺名剎，設有財神窟，供奉許多來自泰國的木雕象神，以及佛教最大財神爺——財寶天王，亦即四大天王中的北方「多聞天王」，是南臺灣唯一奉祀財寶天王的聖地。

明槍型

屠宰、保鑣、兄弟等持刀槍者；個性好動，較易受傷的人；命宮或福德宮為擎羊星者，屬之。

明槍型的人雖然殺氣較重，但有成為一方之霸的機會。他們個性剛烈所以適合作戰，若能正直，反而有文人欠缺的氣魄和戰鬥力，是軍閥格局，能在疆場上立大業、成大功。反之，若不守正道，則為流氓莽夫，無惡不做。

明槍型的有緣神祇依日本《封神榜》所言是**清源妙道真君**（「二郎神」楊戩），楊戩有隻嘯天神犬為其得利助手，因此明槍型的人忌吃狗肉。楊戩心高性傲，武功高強，額頭有第三隻眼，神通廣大，但與人不合，是個戰神，與明槍型個性很符合。另有一說，二郎神為戰國時代秦國李冰之子李二郎，祂曾斬殺蛟龍，平定水患，所以稱為「灌口二郎」，並設廟祭祀。

另外，明槍型的人應自許成為將軍而非暴夫，應多接近正將軍神祇，如聖王、王爺、將軍、三山國王，得其感應庇佑。此外明槍型極具開疆闢土、拓荒冒險性格，往往是一方之祖或一方之霸，因此開發地方的聖賢應多親近，如**吳沙**等。

明槍型和暗箭型也是一對鬥爭、刑傷的組合，明槍型是公開對決、外傷，暗箭型屬小人陷害、內傷；因此平日應該親近**保生大帝**、**神農大帝**、**藥師佛如來**等，但本身亦應多修練個性，不要與人衝突。佛教上稱「**二郎神**」為「灌江口昭惠顯靈王菩薩」，有緣可多親近。此外，明槍型和暗箭型易有災厄刑傷，應多奉**藥師佛**保佑。

女性可再多親近　明槍型的女性孤剋性質較重，可親近「元君」如王母娘娘、天上聖母、觀世音、九天玄女、臨水夫人等，以消戾氣、增進福澤。

其他文化裡的代表

《封神榜》中，明槍型代表人物是周武王的大將**楊戩**，封擎羊星，司掌粗暴、殘忍和刑傷，是三太子哪吒的二哥，所以稱「二郎神」，神通廣大，誅六怪、劈桃山，衝鋒陷陣，攻擊力強，後被奉為正神。

朝聖指南

二郎神信仰主要在福建廈門灌口鎮（故稱「灌江口昭惠顯靈王菩薩」），祖廟是鳳山廟。另外一說，灌口鎮是四川成都都江堰下的小鎮，秦國水利專家李冰和他的二子李二郎，兩人共同建築都江堰治水有功，故建廟祭祀，所以此處的二郎神廟才是祖廟。但此兩處的二郎神都是「李府清源真君二郎神」，而非姓楊，可知是將李二郎和楊戩，因同「二郎神」名號而混淆了。

苗栗後龍迴天宮是臺灣祭拜二郎神的祖廟，一般廟宇地面至大殿的高度差距都會設塑龍的斜坡，以作為緩衝，但此處斜坡卻是雕塑嘯天犬，十分特別，鄉民如要從軍都要來此求平安符呢！另外，**新北市中和玉敕龍天宮**、**新竹新埔二郎神廟**及**彰化埤頭救世宮**都主祀二郎神君，二郎神神通廣大，《西遊記》中祂與孫悟空兩次交手，追得齊天大聖落荒而逃，乃天界第一戰神。

漢人成功開發宜蘭蘭陽平原的最重要領導人，便是清朝吳沙，過程中雖然與原住民發生許多流血衝突，但吳沙兼用武力與懷柔政策終至成功，人稱「開蘭始祖」，皇帝並且追敕封號。宜蘭頭城開成寺嘉慶年間建有吳沙祠，近百年後因損壞，開成寺與城隍廟合修，成為**頭城開成寺城隍廟**，至今廟內仍祭有吳沙神龕與神位，是重要歷史古物。**宜蘭市壯圍福德祠**、**礁溪福德祠**都設有吳沙殿、祭祀吳沙牌位，當地人稱之為吳沙福德廟。

暗箭型

更生人、低收入戶、遊民；個性沒有朝氣，體弱、感覺總帶楣運的人；命宮或福德宮為陀羅者，屬之。

誰說賤民就不能得道？在道教裡最典型的人物便是八仙中的**李鐵拐**，祂原本是得道真人，後借屍還魂在乞丐身上到處遊蕩，這也隱喻，人都有佛性，只是借多難之身存活，只要奮發向上，總有脫俗得真的一天！此外，李鐵拐身背大葫蘆，裡面裝有丹藥，人稱藥仙，對體弱神差的暗箭型來說也是一大庇佑。

流氓、更生人、遊民如想早日脫離苦難，過正常人生活，應該懺悔，請求老天赦罪，這時就應該拜三官大帝的**地官**，祂專司赦罪，每年農曆七月十五中元節就是地官誕辰，並結合佛教盂蘭盆節，變成中元普渡，是個大節日。暗箭型可以每年參加普渡，一來懺悔，一來救助孤鬼增進福德，如此便能早日改運。

暗箭型的有緣神祇依《封神榜》所言是黃天化所封的**三山正神「炳靈公」**，祂是紂王大將黃飛虎之子，原本是惡人形象，但能洗心革面，反抗暴政，救父建功，最後英勇戰死，堪稱忠孝兩全。

炳靈公統領的龍虎山、閣皂山、茅山三座山，都是漢族道教最重要的聖山，元代開始，張天師後代被封為世襲正一派教主，統領漢族道教，主管三山符籙，可見炳靈公以其忠義精神為道教護壇總元帥。

炳靈公是黃飛虎封聖的「東嶽大帝」之子，所以亦稱「東嶽太子」，因此**東嶽大帝**也是暗箭型的有緣神祇。

黃飛虎也是《封神榜》中的傳奇人物，原為紂王的將領，但最後反叛暴政，與正義為師，並和四個兒子戰死不屈，祂雖然流離顛沛，卻有濟民之心，且重視金蘭義氣，至死不渝，因而封為重要神位。

炳靈公黃天化的師父是三清道祖裡的**道德天尊**（老子），所以也是有緣神祇。其餘同明槍型九四頁。

佛教上，賤民本來不被視為具有靈性，但佛陀倡導眾生平等，賤民亦可以成佛，有緣親近佛陀，接受潤澤。此外，暗箭型易有災厄刑傷，應多奉**藥師佛**保佑。

女性可再多親近　暗槍型女性有緣神祇與男性相同。

其他文化裡的代表

在日本《封神榜》中，暗箭型代表人物是紂王大將黃飛虎之子**黃天化**，封陀羅星，司掌殘忍、勇敢和是非，原是星宿下凡，但因暴戾之氣太重，被道德天尊（老子）收為徒弟，後為解救父親下山伐紂，曾打敗四大金剛，因其忠孝兩全，被封為三山正神「炳靈公」，因其父黃飛虎為「東嶽大帝」，所以也有稱祂為「東嶽太子」，後被封為正神。

朝聖指南

新北市三芝八仙宮李鐵拐廟主祀李仙祖，此尊神明日據時代就已存在，但為了躲避日本人追查，所以藏於土厝內，後才正式興廟祭祀，宮內當然也祀有另外七仙。八仙原本都是凡人甚至是賤民，但都能有心向道終至成仙，是庶民的典範，祂們分別是：李鐵拐，持葫蘆楞杖，坐騎虎，是跛腳乞丐；漢鍾離，持芭蕉蒲扇，坐騎麒麟或狻猊，是落難將軍；張果老，持魚鼓木魚，倒坐騎驢，是練丹隱士；呂洞賓，背揹劍鞘，坐騎馬、象或狻猊，是落第書生；何仙姑，持荷花，坐騎鹿，民間女子；藍采和，手捧花籃，坐騎獨角獸，酒顛浪人；韓湘子，雙手持笛，坐騎牛或麒麟，放浪不學；曹國舅，持玉笏響板，坐騎馬或象，是犯罪國舅。八仙除張果老外，其餘以漢鍾離為首，彼此為師徒。

臺中大安聖仙宮的李仙祖金身是先人從唐山攜帶而來，先為家神，後立廟為大眾供奉。八仙其代表男女老幼、富貴貧賤，最主要是祂們都是凡人得道，證明人人都可以成就的真諦！喜慶、節日時民間喜歡張燈結綵，其中最重要的綵布便是八仙綵，右左各四仙，中間則為老子乘鸞（有的是張天師騎獅），八仙綵往往掛於最重要的門楣位置上。

漢族有五大嶽（東嶽泰山、西嶽華山、南嶽衡山、北嶽恆山、中嶽嵩山），其中以東嶽泰山為主，歷朝天子都需登泰山祭天，重要性可見一斑。另外漢人又認為，人死後的靈魂都是經由泰山進入地府，所以泰山主管又兼管天地人間的吉凶福禍，祭拜東嶽泰山也可以消災解厄。**臺南市東嶽殿**（嶽帝廟）為臺灣最早的東嶽大帝廟，是府城七寺八廟之一的古蹟，東嶽大帝廟因與城隍廟同為土地神，且兼管冥間事務，頗有雷同之處，如都祀有牛頭馬面、七爺八爺、功德司爺與速報司爺。

新竹市東寧宮主祀東嶽大帝和地藏王菩薩，陪祀十殿閻羅王等，真是冥界管理中心呢！此外，酆都大帝也被認為是東嶽大帝的同神異名，執掌、禮儀都相仿，酆都原是漢族傳說中亡靈的歸宿之處，酆都大帝便是冥界的統治者，後來四川重慶的酆都縣便築有一鬼城，變成觀光勝地。

火電型

消防人員、廚師、火電、冶煉相關工作者；脾氣暴躁，情緒容易失控的人；命宮或福德宮為火星者，屬之。

火電型的人易惹災禍，要請正火神來保護。火星在天文學上稱為「熒惑」，是火神**火德星君**的陪祀。民間寺廟可見的火神有兩位：一說是**灶神**，也就是司命真君，是三恩主公之一；二是五斗星君中的**南斗星君**（赤精老）是南火帝星。

炎帝以火為德，化為火神，也是土地、農稼、醫藥之神。炎帝原本是一個職稱，為神農氏部落的首領，也是當時天下的共主，原非指某一個特定人，後來神農部落與黃帝（軒轅）部落融合，成為華夏族，今日所指的炎帝便是當時那位炎帝。

另外，五恩主公中的**豁落靈官王**（降恩真君），一說為玉樞火府天將，昔日祂的廟宇稱為「火德顯靈宮」，一說祂也是二十六天將之首，也是火電型的有緣神祇。豁落靈官王還統帥天下的招財獸貔貅，所以也是財神呢！

殷郊元帥或**殷郊太子**是為火官大帝，同時也是太歲星君，座下配有六十位歲神，也是火電型的有緣神祇，所以火電型的人每年都宜安太歲，而對於自己的生年太歲也應多加禮敬（見「神佛小檔案3」一二三頁）。

火電型與金刀型的人應自許成為將軍而非暴夫，可多多接近正將軍神祇，如聖王（開臺聖王國姓爺**鄭成功**、開漳聖王陳府將軍**陳元光**）、王爺（將軍）及三山國王，得其感應庇佑。

佛教上，心性躁動不安的個性容易惹是生非，親近空門雖會使動能減低，但也能因此讓躁性下降，減少了橫生枝節的機會。若能親近佛門，減低欲望與撞擊性，是明哲保身的智舉。

女性可再多親近　火電型的女人易孤剋，亦可親近「元君」如王母娘娘、天上聖母、觀世音、九天玄女、臨水夫人等，藉此以消戾氣、增進福澤。

其他文化裡的代表

在日本《封神榜》中火電型的代表人物是紂王的太子**殷郊**，封火星，司掌暴躁、性烈和破壞，在母親姜皇后遇害後，和將軍黃飛虎、弟弟殷洪一起逃出朝歌，後被帶到崑崙山修行。修成後因為不忘記自己太子的身分，選擇幫助紂王，雖助紂為虐而致死，但因其有孝，所以封為太歲星君，座下配有六十位歲神，民間亦稱其為「殷郊元帥」或「殷郊太子」，後被封為正神。

朝聖指南

臺北市火聖廟是全臺唯一供奉火德星君的廟宇，二〇一〇年火聖廟百年廟慶，有百餘位消防弟兄齊聚祝賀，祈求打火順利。除此之外，每年北市消防局長也都會率領科室主管前來參拜。

該廟的火神爺是日據時代消防隊所留下來的，後來輾轉請到火聖廟供奉，並且成為消防人員的信仰中心。

臺南柳營天王炎帝廟是臺灣少數祭祀炎帝的廟宇；**臺南楠西玄天上帝廟**，有陪祀開天炎帝。民間少有主祀炎帝的廟宇，但炎帝是神農氏部落的首領，所以民間有時會合稱炎帝神農氏，因此祭祀神農大帝亦可，且火星的人容易刑傷，多親近神農大帝求平安是很恰當的。

金刀型

鋼鐵業、金屬、五金、刀械相關工作者；個性喜歡殺生或喜歡刀械，容易刀傷的人；命宮或福德宮為鈴星者，屬之。

金刀型的有緣神祇依《封神榜》所言是**五谷神**。**后土皇地**和**神農大帝**，是「帝后」級的神祇，在小地方上的信仰則是**土地公**和五谷（穀）神，大陸民間常有「土谷祠」一起供奉兩位「管區」或「里長」級神祇，但臺灣只見「土地公祠」，少見「土谷祠」。

因此金刀型可以親近土地公和神農大帝，神農大帝有二，一是炎帝，一是神農氏。漢民族的遠古歷史演進傳說為：有巢氏、燧人氏、伏羲氏、神農氏、軒轅氏（黃帝）……，其中炎帝經常與神農氏或蚩尤混為一談，明確的說法是，炎帝是神農氏部落的共主，後與黃帝一族融合（一說戰敗，一說通婚），蚩尤則是後來與黃帝爭共主的部落首領，最後敗給黃帝。

神農大帝為土地、農稼、醫藥之神，金刀型因為有肅殺之氣，親近神農大帝，可感應好生之德，同時也增益本身過分耗損之氣。其他同火電型。

佛教上，同火電型一〇二頁。

女性可再多親近 金刀型女性的有緣神祇與男性相同。

其他文化裡的代表

在日本《封神榜》中，金刀型代表人物是紂王的二太子**殷洪**，封鈴星，司掌暴躁、剛強和驚嚇。在母親姜皇后遇害後，和將軍黃飛虎、哥哥殷郊一起逃出朝歌，後被帶到崑崙山修行。殷洪的師父是五斗中的南斗主宰赤精子，後來下山收伏了四將，他大義滅親放棄二太子身分伐紂，後來為替恩人太公望擋下武器而死，被封為「五谷神」，與土地公一樣，官階雖小，但也是正神，同時「分身」無所不在呢！

朝聖指南

臺灣主祀神農大帝名剎頗多，**新北市三重先嗇宮**是北部神農信仰重鎮，每年祭祀都引發「三重大拜拜」人潮，可見其代表性。先嗇宮中有三尊神尊造型極為類似，其實是神農大帝、伏羲聖帝、盤古大帝三尊不同的神明，廟中並祭祀后土正神、后稷正神，就是土地神和臺灣少見的谷神。**竹南五穀宮**有一百五十六臺尺的神農大帝戶外雕像，旁有雷公、電母、風神、雨伯為侍神，實為罕見。

土地公雖是鄉里神，但全國聞名者亦比比皆是。**屏東車城福安宮**是全國最大的土地公廟，宮殿式建築，壯觀宏偉，此外，一般土地公都是員外造型，不著官服，但此伯公因保佑官兵有功，乾隆特賜王冠、龍袍，位同王公，堪稱臺灣土地祠祖廟。**南投竹山紫南宮**向土地公借發財金的活動聞名全國，信徒借錢母來運用，威力無比，後來都加倍奉還，因此還願者絡繹不絕，還有遊覽車包團前來，攤販雲集，盛況猶勝帝級大廟。**新北市中和南山福德宮**主祀土地公，其餘大神反為陪祀，且重巒疊翠、登高望遠，也是旅遊勝地。**宜蘭四結福德廟**有全國最大的土地公神像，饒富觀光價值。

漏洞型

破產、負債、長期失業者；因為個性而常常無端失去應該擁有的事物的人；命宮或福德宮為空星者，屬之。

漢族古代天文學上有紫氣、月孛、羅睺、計都四顆假設的暗星，遇到它們就會發生日、月、星蝕，所以主「空空如也」，無形中就會破運失財傷身。漢族分天空為東西南北中五斗，只要「安斗」把星曜都照顧好，就不怕空星來襲，能使人的元神光彩。

天文四暗星到了星曜信仰成為「運勢黑洞」，所以要補祿氣，有緣神祇除了福、祿、壽三仙中的**祿神**，還有立於關聖帝君旁，手持竹弓鐵彈的**張仙大帝**（張生）、文昌帝君旁陪祀的**送祿神**與**祿馬**，另外彌勒佛相傳化身為**布袋和尚**，也能為人帶來祿氣，彌補漏洞造成的耗損。

道教上，玉皇大帝是第一尊神，也是太極的神格化，那「空」與「無極」的代表便是**三清道祖**——玉清元始天尊、上清靈寶天尊、太清道德天尊（老子），祂們處於極度虛空，幾乎跳脫三界外，不在五行中，漏洞型的人對世俗不利，卻對空無思想頗能領略，接近三清道祖應該更能體悟生命的真義。

佛教上，漏洞型的人俗事不利，反而激發他們對生命無常的領悟，可親近佛教諸佛菩薩，一般常見的佛如下：**釋迦牟尼佛**，配以迦葉、阿難，祂們都是釋迦的弟子。**橫三世佛**：東方藥師佛、中央釋迦牟尼佛、西方阿彌佛陀。**豎三世佛**：前世燃燈佛、本世釋迦牟尼佛、下世彌勒佛。**西方三聖**：阿彌陀佛、觀世音菩薩、大勢至菩薩稱。**華嚴三聖**：毗盧遮那佛（釋迦牟尼佛法身）、文殊菩薩、普賢菩薩。**東方三聖**：藥師佛如來、日光菩薩、月光菩薩。**五方佛**：密宗與漢民族的五行、五方學說配合，所以產生五方佛，有東方阿閦佛、南方寶生佛、中方毗盧遮那佛（釋迦牟尼佛法身）、西方無量壽佛（阿彌陀佛）、北方不空成就佛（不空和尚）。**八十八佛**、**千名佛**等。

菩薩有「悲、智、願、行」四個菩薩行，分別是**大慈大悲觀世音**、**大智文殊菩薩**、**大願地藏王菩薩**、**大行普賢菩薩**；觀世音和文殊已經成佛，但為救渡眾生「倒駕慈航」委身菩薩之位，地藏菩薩誓不成佛，普賢菩薩已等同成佛。菩薩都有發願，觀世音三十二願、文殊菩薩十大願、地藏菩薩本願、普賢菩薩十大行願，都充滿捨身成法之義。護法有：四大天王、韋馱尊者和伽藍尊者、十八羅漢。

女性可再多親近 漏洞型女性的有緣神祇與男性相同。

朝聖指南

漏洞型的人要求祿來補充能量，同時也要調整心態，安定是福、笑看人間，凡事不要強求，同時兼具福祿與清靜開心的便是彌勒佛了。彌勒佛在漢人眼中是財祿神，在佛教則是下一任佛祖，現在採用的是五代時期布袋和尚的造型，日本人還稱祂為七福神之一。**臺中寶覺寺**是日治時代名剎，光復初期時局動亂，很多日人遭遇殺害，寶覺寺收容了很多當時遇難日本人的遺骸，至今仍不斷有其後人來憑弔，寶覺寺戶外的七層樓高金色彌勒佛像，曾是東南亞最大的佛像。**雲林斗六湖山寺**原建於清朝，一直是地方信仰中心，後因佛教藝術公園成立，而加以擴建並建立了一座十五丈高的彌勒大佛，與南投埔里中臺禪寺堪稱中部兩大佛教園區。

安斗就是安五斗的星曜，**高雄鳳邑玉皇宮**一樓大殿主祀五斗星君，左右陪祀太歲星君與十二生肖神尊，是典型的南式宮殿建築，銅雕、木雕、石雕、彩塑、交趾陶、剪黏、彩色玉石都精緻巧妙，宗教藝術精彩豐富。**臺中市元保宮**後殿一樓主祀五斗星君，該廟的神像、神案、文匾、金鼎、銅鐘俱是清朝文物，極具歷史價值。據歷史記載，最早的道教教派因為要信徒繳五斗米，故稱「五斗米教」，但據考證，可能是「五斗母教」之誤，即五斗加斗母的星曜崇拜，又有一說是五斗和四川彌教（信仰巫術和蠱術的教派）結合的「五斗彌教」。

宜蘭冬山道教總廟三清宮不但建於世外桃源，而且純道教藝術建築，富麗巍峨，是經中華民國道教會與宜蘭縣政府核准的臺灣唯一道教總廟，不但是人間仙境，也是修行之處。**臺中外埔無極三清總道院**，外觀是依故宮紫禁城型式建造，同時也設有佛教的中原紫雲禪寺，區內並設有農村懷舊之旅，殿中有一獨角牛，相傳是老子西出關山的坐騎，不過在此變成招財獸，是一座宗教觀光型的廟宇。

三清道祖中只有道德天尊（太上老君）——老子真實存在過，且被封為道教教主，其餘兩者則是對太虛崇拜的神格化，**南投草屯太清宮**（老君廟）主祀太上老君（李耳）和太白真人，原是草屯李姓宗祠，後改建成臺灣少數專祀老子之廟宇。

神佛小檔案1 常見神佛的專業項目

神佛慈悲救人、渡人，本不應該分功能，但民間還是常見將神祇的功能分類，以作為「專神專職」，故列於下表，有興趣者可參考。

功能	自然神祇	人間追諡
求國泰民安	三清道祖、玉皇大帝（天公）、東華帝君、瑤池金母（王母娘娘）、紫微大帝、三官大帝、地母娘娘	釋迦牟尼佛、恩主公、關聖帝君、保生大帝（大道公、吳真人）、天上聖母、玄天上帝
求文書科名	文昌星君、大魁天子、天魁夫子（魁星）、朱衣神君	文昌帝君（梓潼帝君）、文衡帝君（關聖帝君）、文殊菩薩、至聖先師、孟子、朱國公（朱熹）
求財運亨通	福、祿二仙、天官賜福	文財神比干、武財神關公、正財神趙公明、偏財神五路財神、布袋和尚、土地公、張仙大帝、豁落靈官
求生意興旺	招財童子、利市仙官	同上
求生育子女	註生娘娘	張仙大帝（張生）、送子觀音、添子神（周文王）、三奶夫人
求生產平安	女媧、九天玄女、七娘媽	臨水夫人（陳靖姑）、三奶夫人
求幼兒平安	註生娘娘、七娘媽、床母	地藏王菩薩、三奶夫人
求小兒收驚	諸神可	地藏王菩薩、三奶夫人、其他諸神

求婚姻和合	月下星君（老人）、七娘媽	
求賜壽長生	王母娘娘、南極大帝、北極仙翁、南極仙翁、壽仙	藥師佛如來
求醫藥平安	太白金星	藥師佛如來、神農大帝、保生大帝、華陀、孫天醫真人（孫思邈）、藥王（扁鵲、韋慈藏）
水利與淡水事業	五嶽大帝（河泊屬五嶽管轄）、河伯、湖神	水仙尊王
求航海平安	龍王	媽祖天后、水仙尊王
求趨瘟制煞	諸佛、各天神	玄天上帝、中壇元帥（三太子）、各府國王、王爺、將軍
求法律公正	東嶽大帝	包公、青山王（靈安尊王）、城隍爺、范謝將軍
求境府平安	五嶽大帝	城隍爺、境主公、土地公
求流年平安	斗母星君、六十太歲	太歲神（殷郊）
求文藝	文昌、魁星	文昌帝君、五文昌
求工藝	女媧	巧聖先師（魯班公）、荷葉先師、爐公先師
求女藝、女容	七娘媽、九天玄女	
求綜藝		田都元帥、西秦王爺（唐玄宗）
求玄學		鬼谷子、八卦祖師、伏羲氏

求亡者平安	地母娘娘	阿彌陀佛、地藏王菩薩、閻羅王

註：地基主為土地上的亡靈，不為正神

神佛小檔案2 百業祖師爺

	百業細項	神祇
農牧	農業	神農、伏羲
	糧商、糧食加工	神農、范蠡
	採蔘、伐木	孫良
	種菇業	劉伯溫、五顯靈官、吳三公
	水菸業	諸葛亮
	旱菸業	關公、呂洞賓、火神
	畜牧業	張達、趙公明
	獸醫業	馬師皇
	閹割業	華佗
	屠宰業	張飛、關羽、玄天上帝、樊噲
	牛相關產業	冉伯牛、龔遂
漁航水	水運業、漁業（海洋）	媽祖、海龍王
	水運業、漁業（江河）	姜太公、禹王楊泗將軍、金龍大王
	洋商、船員、漁夫	水仙尊王
	海貨業	邋遢張

	輸水業	井泉龍王、水母娘娘
	鑿井	伯益
演藝	演藝業	田都元帥、西秦王爺
	樂班業	孔子、韓湘子、周文王、師曠
	魔術業	呂洞賓
	皮影戲業	觀音、李少君、李少翁、月皇大帝
	賣唱業	麻姑聖母
	說書業	柳敬亭、崔仲遠
	雜（特）技業	呂洞賓、清源妙道真君、唐明皇
	相聲業、製燈	東方朔
	皮影戲	李少翁
	口技	孟嘗君
	鈸子書業（用竹筷敲擊銅鈸伴奏說書）	范昶
建築營造裝潢	搭棚業	魯班
	油漆、繪畫、雕塑業	吳道子、女媧、普安、葛仙、漆寶、黃龍真人
	建築業（木雕、瓦石匠、鋸木）	魯班
	泥水匠、竹藍	荷葉先師

金工	金線、金片	葛大真人
	銀樓	歐岐佛
	金、玉器業	邱處機（全真道士）
	金銀銅錫工匠	老君、邱處機、胡錠角
	金、錫箔業	朱元璋
	皮金、銅鑼、鐵貨	石公太尉
	針業	劉海
	冶金	呂洞賓
衣綢	養蠶、絲織業	嫘祖、織女
	裁縫、成衣業	黃帝
	棉紡業	黃道婆
	織綢	伯余
	刺繡業	顧儒、顧世、顧太三兄弟；冬絲娘、妃祿仙
商業	銀行、錢莊業	財神趙公明、關公
	算盤業（會計）	孔子
	出納、財管	比干
	茶商	法主公

	攤販	許仙、藍采和
	南北雜貨、典當、房仲業、水肥業	三財神（關公、趙公明、增福財神）
	度量衡業	黃帝、伏羲、神農
飲食	廚師業、飯館業、酒席業	諸葛亮、漢宣帝、竈君、詹王
	賣糖業	劉伯溫、史太奈
	製茶業	陸羽、盧仝、斐汶
	酸梅湯業	朱元璋
	釀酒業	杜康、李白、儀狄、劉白墮、焦革、葛仙
	釀醋業	姜太公、杜康兒子（黑塔、帝予）
	糕點業	諸葛亮、關公、趙公明、聞仲、雷祖聞仲
	豆腐業	淮南子（劉安）、樂毅、孫臏、龐涓、關公
	火腿業	宗澤
	製鹽	管仲、風沙氏
	檳榔業	韓愈
燒冶	木炭業	孫臏、陳爺爺、陳老相公
	煤業	女媧、老君、羅熗、煤窯神
	冶煉鑄造	太上老君

	磚瓦業	魯班、太上老君、普安
	燒窯	女媧娘娘
	陶瓷業	童賓、趙慨、蔣知四、華光、范蠡、土地神、火神、章氏兄弟、伯靈翁、金火聖母、堯帝、舜帝、雷公、陶正
	鐵匠業	尉遲恭
	鑄劍業	歐冶子
	玻璃業	六毒大王
美容	靴鞋業	孫臏
	帽業	黃帝、張騫
	化妝品業	西施
	假髮	趙五娘
	整容	羅真人
	理髮業	呂洞賓
	髮髻網罩	馬皇后
	梳篦業	魯班、赫胥、赫連、皇甫、陳七子、張班
命理宗教	風水業	管輅、楊筠松
	命相業	麻衣、伏羲、周文王、鬼谷子

	拆字	謝石
	壽衣業	朱子樵
	香燭業	九天玄女、關帝、葛仙
	金冥紙	庫官明、蔡倫
	糊紙	長城仙師
醫藥	醫藥業	保生大帝、華陀、李時珍、神農、黃帝、伏羲、孫思邈、李鐵拐
	助產士	註生娘娘、張仙
休閒娛樂	旅館	孟嘗君
	澡堂、修腳（三溫暖）	志公
	溫泉	楊貴妃
	娼妓業	管仲、呂洞賓、豬八戒
	相公、男娼、人妖	紂王、衛靈公、吳天保
	賭博業	韓信
	捏泥人、捏麵人	女媧、三皇
	捏糖人	劉伯溫
文教事業	書坊業	文昌帝君、老子
	碑帖、拓裱業	孔子

	教育業	孔子、文昌帝君
	刻字、刻印、鐫碑	文昌帝君、朱熹
	印刷業	畢昇
	排版、刻字	倉頡
	造紙業	蔡倫、文昌帝君
	硯業	子路
	筆業	蒙恬
	墨業	呂洞賓
	胥吏（公務員）	倉頡、蕭何、曹參、三郎神
其他	消防業	火神、龍王
	師爺（參謀、祕書）	鄔先生
	掌禮業（喪事禮儀師、新娘祕書）	周公、叔孫通
	保鏢、保全	達摩、趙匡胤
	武師業	供奉達摩、關公、華光
	轎夫（司機）	韓湘子
	僕役（幫傭）	鐘三郎
	竊賊業	時遷、梭李

喜慶紮綵業（會場布置）	吳道子
婚喪紮綵業（喪禮布置）	五道真君、楊角哀、左白桃
搬運業	二車神、天仙聖母
人力車（計程車）	周文王
編織業	劉備、魯班、荷葉仙師、李光明、張班
縧帶、緶繩、彩帶業	哪吒三太子、黃帝
磨坊業	太上老君
鞭炮業	祝融、李畋、馬鈞
鐘錶業	魯班、利瑪竇
棕製品	伏羲
眼鏡業	黃帝、鬼谷先師
傘業	云氏（魯班妻子）、女媧
倉儲業	蕭何、章勝輝
扇業	齊桓公
染布、顏料、年畫	葛洪、梅福
狩獵業	伏羲

乞丐業	朱元璋、范丹（冉）、韓熙載、康花子、李后娘娘
皮革業	比干、黃飛虎、關公、孫臏
皮箱業	魯班
盆桶業	魯班的夫人鄧氏
花業	陳維秀暨十二花神 （花王及十二月份花神——花王：執牡丹花，正月花神執梅花，二月花神執杏花，三月花神執桃花，四月花執薔薇花，五月花神執石榴花，六月花神執荷花，七月花神執鳳仙花，八月花神執木樨花，九月花神執菊花，十月花神執芙蓉花，十一月花神執茶花，十二月花神執水仙花。）

資料來源：整理農民曆及各方資料

六十太歲

甲子（13、73）年：金辯大將軍	乙丑（14、74）年：陳材大將軍	丙寅（15、75）年：耿章大將軍
丁卯（16、76）年：沈興大將軍	戊辰（17、77）年：趙達大將軍	己巳（18、78）年：郭燦大將軍
庚午（19、79）年：王濟大將軍	辛未（20、80）年：李素大將軍	壬申（21、81）年：劉旺大將軍
癸酉（22、82）年：康志大將軍	甲戌（23、83）年：施廣大將軍	乙亥（24、84）年：任保大將軍
丙子（25、85）年：郭嘉大將軍	丁丑（26、86）年：汪文大將軍	戊寅（27、87）年：魯先大將軍
己卯（28、88）年：龍仲大將軍	庚辰（29、89）年：董德大將軍	辛巳（30、90）年：鄭但大將軍
壬午（31、91）年：陸明大將軍	癸未（32、92）年：魏仁大將軍	甲申（33、93）年：方傑大將軍
乙酉（34、94）年：蔣崇大將軍	丙戌（35、95）年：白敏大將軍	丁亥（36、96）年：封濟大將軍
戊子（37、97）年：鄒鐺大將軍	己丑（38、98）年：傅佑大將軍	庚寅（39、99）年：鄔桓大將軍
辛卯（40、100）年：范甯大將軍	壬辰（41、101）年：彭泰大將軍	癸巳（42、102）年：徐單大將軍
甲午（43、103）年：章詞大將軍	乙未（44、104）年：楊仙大將軍	丙申（45、105）年：管仲大將軍
丁酉（46、106）年：唐傑大將軍	戊戌（47、107）年：姜武大將軍	己亥（48、108）年：謝太大將軍
庚子（49、109）年：盧祕大將軍	辛丑（50、110）年：楊信大將軍	壬寅（51、111）年：賀諤大將軍
癸卯（52、112）年：皮時大將軍	甲辰（53、113）年：李誠大將軍	乙巳（54、114）年：吳遂大將軍
丙午（55、115）年：文哲大將軍	丁未（56、116）年：繆丙大將軍	戊申（57、117）年：徐浩大將軍
己酉（58、118）年：程寶大將軍	庚戌（59、119）年：倪祕大將軍	辛亥（60、120）年：葉堅大將軍

壬子（61、121）年：丘德大將軍	癸丑（62、122）年：朱得大將軍	甲寅（63、123）年：張朝大將軍
乙卯（64、124）年：萬清大將軍	丙辰（65、125）年：辛亞大將軍	丁巳（66、126）年：楊彥大將軍
戊午（67、127）年：黎卿大將軍	己未（68、128）年：傅黨大將軍	庚申（69、129）年：毛梓大將軍
辛酉（70、130）年：石政大將軍	壬戌（71、131）年：洪充大將軍	癸亥（72、132）年：虞程大將軍

資料來源：文化部，臺灣大百科

註：清代初期六十位太歲的名字才全部更換，即今日所採用的版本。

第二篇

現代人文明拜拜

選對正廟與陽神

「祭拜」是東方民族特有的產物，如果能信而不迷，透過祈禱產生正向積極的心理與向善修為的力量，未嘗不是一件好事！

神明的種類

漢族拜拜以道教為主，是泛神論（什麼都有靈，什麼都拜），神明的來源有下列幾類：

✷自然崇拜

將對浩瀚宇宙的敬畏轉換成對神祇的崇拜，並將原本至高無上的神明人格化，變成人類可以親近的神明，如玉皇大帝、五斗星君、紫微大帝……，另外，也將對土地的感恩轉換成對神明的崇拜，如海神、河神、山神、土地神（城隍爺、土地公）……。自然崇拜表現人類對天地的謙卑，同時也表現人類對未知神祕的敬畏。

✷歷代聖賢

正史上真正存在過的聖賢，例如媽祖（天上聖母）、關公（關聖帝君）、呂洞賓（孚佑帝君）……，祭祀聖賢有慎終追遠的民族情懷與見賢思齊的向上之心。人類透過聖賢信仰維持善良風氣習俗，並維繫宗族鄉民的感情。

傳奇人物

傳奇或小說中的人物，例如三太子哪吒、孫悟空……，以前的人因為知識水平低，不辨真偽，但感於這些人的忠勇，所以也將它們當成聖賢一樣來崇拜，同樣也是傳遞褒忠揚善、懲奸除惡的常民心態。

外來神明

比方說：佛祖、觀音（印度）；盤古、女媧（四川少數民族）；乃至近來頗盛行的泰國四面佛（即印度教的大梵天王）等。外來神明在發源地的產生也不外乎上述的自然崇拜、歷代聖賢與傳奇人物三種方式。

孤魂野鬼

不是神明，但在泛靈崇拜的心理下，也被祭祀，有的名氣還頗大呢！祭拜孤魂野鬼展現出人類悲天憫人、德及孤鬼的德性，可分為下列幾種：

❶**人：**如大家耳熟能詳的廖添丁、林投姐，還有很多地方都可以見到的姑娘廟、萬應公、百姓公等，原則上這些屬於無人祭祀的流屍遺骸被人建廟供奉。

❷**動植物：**如虎爺、十八王公（忠犬），或各地常見的百年樹神。

❸**物**：如石頭公，孫悟空也是從石頭蹦出來的呢！

泛靈信仰

什麼物體都有神，包括有形的：灶有灶神、床有床母、門有門神；無形的：福有福神、祿有祿神、壽有壽神、瘟疫有瘟神、衰運有衰神……，這些神後來大都也被神格化，成為具體的形象或歷史人物。泛靈信仰表現漢人萬物皆有生命的生命觀。

陽神與正廟

各種神靈，若被歷代皇帝冊封過，或被龍虎山嗣漢天師府承認的（元代以來，被皇帝命為管理全國道教的教派，民國後雖無繼續授權，但宗教界仍沿用此慣例，其道長就是世襲的「張天師」，是道教界的共主），稱為**陽神**，不被冊封或承認的（如妲己、狐狸精），則稱為**陰靈**。很多人以為地藏菩薩、閻羅王、包公、城隍爺等掌管冥界事務者為陰神，是錯誤的觀念。

行政機關有政府設立的單位，它的行政命令與執行公權力被各界認同，但也有外圍組織自己設立的堂口，它的執行範圍就只限於自己的權力範圍，或要用不法武力逼人就範。同樣的，廟宇在內政部登記有案且被嗣漢天師府承認，並有嗣漢天師府認可的道士（法師）主事，那便是正式編制的**正廟**，否則便是體制外的**陰廟**，一般私人廟堂、乩壇多是陰廟。不過，嗣漢天師府只管轄道教，佛教、一貫道、鸞門等則不須經嗣漢天師府承認，但仍需在內政部登記有案，而且住持必有傳承的教派、師父，稱為「法脈」，以及受足修習的證明，這才是真師父、正廟，若是「自稱法師」開的廟宇，則非正統，也是外圍組織。

隨著時代演進，現在道士已經不再是由嗣漢天師府頒發度牒（道士證），而是由各教派名廟或協會（如道教會）就地舉行禁壇研習與請天受職，甚至政府單位也會和宗教單位合作辦理道士研習認證，以提升道士「證照化」和就業率，而正廟也是由各教派祖廟或協會認證，講究的也是法脈與公權力。不過，道士證不是政府發的，一些小廟、小團體也可以辦理，所以信徒可以用法脈和認證單位是否可靠來選擇想要親近的廟宇和師父。

正廟都祭祀陽神，且行禮如儀，克盡職責，正式「開光」的請神儀式後會有神界派遣的正善高靈來擔任**神明的代理人**，所以我們在廟裡祭祀的都不是神明的本尊，而是祂的代理人。而陰廟因為沒有神界派遣的代理人進來，所以進駐的就是陰靈；有的廟宇雖然一開始是正廟，但因人謀不臧，荒廢道事，久之正神走了，陰靈也趁機進來。

判斷是否為正廟的方式很簡單，**每天早晚或初一十五有唸經的**，便是還有陽神在的正廟。此外，**一般香火鼎盛、有歷史的大廟**，大多是正廟無疑。

正廟陽神類似體制內的官員，凡事強調正善，對於不當的索求，縱使提供很多祭品也不會理會，因此求大樂透、發橫財、從事特殊行業的，都會轉求陰靈。雖然陰靈不見得都是壞的，但終究是體制外，與之接觸缺乏保障，要小心「請鬼入宅」。老人家往往會諄諄告誡我們：荒郊野外或黯淡沒有香火的小廟、破廟千萬不要進去，因為裡面住的都是陰靈。

乩童和乩壇雖然經常和道教保持良好的友誼關係，但乩童並非嗣漢天師府承認的法師（乩童≠法師），乩壇也非正廟，而且祭祀的都是陰靈，兩者不可混淆。

Point

選正廟，拜陽神

如果要祭拜一定要選正廟、拜陽神，很多人喜歡聽從別人的建議跑去私人廟堂或乩壇求事情，雖然裡面擺的也是關公、觀音等神像，但都不是真正神界派遣下來的代理人，而是陰靈進駐在那裡。如前所言，陰靈不見得都是壞的，但終究是體制外，而且主事者素質良莠不齊，與之接觸自有風險。想想看，如果有一位德高望重的老善人，你告訴對方，說自己會努力工作、用正當手段賺取財富，也會多行布施，請他幫忙，他會幫忙你嗎？當然會呀！這就是正廟陽神，我們善良，他就保佑我們；我們不存善念，縱使燒了一卡車紙錢也沒用。如果跑去求陰靈，就算祂一時可能幫忙，後來的福禍卻誰也不能保證！

拜拜的流程和禮儀

很多人喜歡拜拜，卻不知怎麼拜。其實，只要基本禮儀顧好（譬如遵守動線，以免亂成一團），其餘**心誠則靈**，很多人類制定的繁文縟節在現代社會其實不用太拘泥，否則反而因為顧忌東、顧忌西而失去原本的誠心。

基本的祭拜禮儀簡說如下。

進出廟宇的禮節

由我們面對**廟門的右邊進去**（猶如走路靠右邊一樣），這邊是神明的左邊，也就是所謂的「龍邊」，在標準的座北朝南模式之下，龍邊是東邊，是太陽升起之地，是陽方及吉方。**出來就由另一邊「虎邊」**，這就是「入龍喉，出虎口」，象徵入吉出凶。

門下方會有一個門檻（臺語稱「戶碇」），門檻原始用意在防水，但後來劃分內外的意義更大，因為進入門檻就是我家了，所以是主權的宣示！因此古代禮儀進出門檻時要彎腰、跨過去，表示鞠躬禮貌的拜訪，相反的，如果是來挑釁的，便會踹踏門檻，表示來「侵門踏戶（戶碇）」。同樣的，進出廟門也要**彎腰跨過去**，不要踩門檻，進時抬左腳（左為貴），出時抬右腳，也是象徵入吉出凶。

廟的正中央也有一個門，但只供神明和皇帝（現在的總統）進出，一般人自然不好從這邊進出。

祭拜的順序

道教廟宇的正門口一定有個大香爐，稱做「天公爐」，也就是拜天公（玉皇大帝）的。道教寺廟不管拜哪尊主神，一律先在廟外的香爐後面站好，**先面朝天空拜天公**，再進主殿拜主神。

進入主殿後，先拜中間的主神，如果主神兩旁還有陪祀的神明，因龍邊為大，所以要先拜，拜完再拜虎邊。

主殿之外，有的寺廟還有東西殿，那就先拜龍邊殿房的神明。此外，有的寺廟還設有前後殿，則先從前殿開始參拜。有的除了東西殿、前後殿還有樓層，就**從高樓層拜下來**，因為高樓層的神明位階通常比較高。有些大廟殿堂眾多，會掛有參拜路線圖，這時就依廟方所公布的路線圖為準。

佛寺不拜玉皇大帝，因而沒有天公爐，門外的爐是給信徒拜完插香的。

主神如果為保生大帝、財神爺、張天師、城隍爺、土地公，則須注意神桌底下是否還有虎爺，虎爺是上面神明的坐騎，非常威猛，而且會咬鬼去、叼錢來、驅邪、治病。虎爺大多置於桌底，小孩喜歡在桌下爬來爬去，所以虎爺也是兒童保護神，因此虎爺造型都是Q版的可愛造型，不要忘了拜唷！

什麼時間可以拜拜

什麼時間去拜拜較恰當呢？晚上可以拜拜嗎？只要廟門還開著，當然就可以進去拜！一般人不喜歡晚上去拜拜，是因為認為這樣容易被附近徘徊撿食香火的阿飄給「卡到」，事實上，黎明、黃昏陰陽交替時，反而是阿飄出沒最多的時間，猶如上下班是人潮最多的時間一樣，而且這兩個時候也是人的正副交感神經轉換之時，精神最差，很多病人、精神官能症者都是在這個時候發病，因此**晚上拜拜並不會特別容易「卡到陰」**。

另外有一說，「四正時」：子（晚上十一點到凌晨一點）、卯（上午五點至七點）、午（中午十一點至下午一點）、酉（傍晚五點到七點）拜拜最靈，因為陰陽五行理論裡，十二天干裡的八天干，都是由這四天干所生，所以靈氣最旺。

綜合以上結論，怕黎明（卯）、黃昏（酉）、子夜（子）卡到陰，那麼午時是四正時中唯一適合拜拜的時間了。不過，「多慮反而多失」，找個自己最方便的時間比較重要啦！

稟告事項

拜拜要說什麼？怎麼說？順暢即可，要點包括如下：

❶**請安**：〇〇（神明聖號）聖安。

❷**報名**：弟子〇〇（姓名）。

❸**資料**：農（國）曆〇〇年〇〇月〇〇日〇〇時生（不知道出生時辰則說「吉時」），現住〇〇（地址）。

❹**請求：**今因○○（說明事由）懇請○○（神明聖號）保佑。
❺**答謝：**弟子○○感謝○○（神明聖號）保佑。
❻**注意事項：**事成之後是否要回來答謝或「酬神」，不要隨便允諾。

這些時候能不能到寺廟拜拜

民間認為女性在生理期來臨時不要入寺廟拜拜，此說在現代社會還行得通嗎？聖嚴法師曾對此說明過，一般低級的陰靈就如同動物一樣，容易見血發嗔，引發獸性，所以確實不宜在生理期靠近，而且此時女性氣場虛弱，近之不宜。不過，佛寺裡都是有修行的菩薩，自然不會對這種生兒育女的自然情況加以排斥；同樣的，正廟陽神也是不會在意的。另有一說，生理期時入廟拜拜不要持香即可，供參考。

另外，有孕婦、未滿月產婦、喪期未滿百日都不要進廟的說法，這是道教的理論，因為**廟宇的氣場強，如果人在氣場衰弱的時候接近，自然不利**，就如同運動雖然有利健康，但生病的人暫時還是先休養不要急著運動一樣，這時託親人代拜，效果也是相同的。至於佛教，則不受這些限制。

至於新婚和情侶，還是可以偕往拜拜的。有民間傳說提到情侶不要拜呂洞賓（孚佑大帝、純陽道祖），是因為民間戲曲把呂仙祖說成一個追女仔，最後都沒成功，因而由愛生恨。這是民間傳說，聽之與否，則見仁見智了。

不要隨便允諾事成之後的酬神方式。

Point

信而不迷，敬而不拘

信仰並非迷信，一代科學巨人愛因斯坦就曾說：「宇宙的創造和法則是上帝的思想。」信仰能讓我們產生正面和向善的力量，更會讓我們在面對自然和萬物時謙卑，但如果太拘泥形式、宿命、凡事交託給神明、疑神疑鬼，喪失做人的自主性、獨立性和創造性，就會變成迷信。所以尊敬但不拘泥，才是面對神明的最佳態度，而且神明會支持一個善良但勇於開創生命的人，而不是一個凡事依賴祂的人。

拜拜供禮

訪客帶個「等路」（伴手禮）是禮貌，同樣的，拜拜帶個供禮也是禮儀。古時祭祀供禮十分講究，鉅細靡遺，各有象徵和功能，這有相當的科儀成分存在，現代社會除了主辦單位必須恪遵古禮外，一般人又該如何做呢？

需要帶供禮嗎？

供禮包括物質的供品（食物）、香、蠟燭、紙錢、鮮花、酥油、神用器具等，此外非物質的誦經、捐款、演戲、以神之名布施等，也都算是酬神的供禮，現代社會供禮有需要嗎？

靈體就跟動植物一樣，可以自行覓食和吸收天地物質以維持生命，其實並**不需要人類特別供奉**，不然躲在山林或荒郊野外的靈體怎麼辦？但祂們也可以吸食人類提供的能量。靈體因為構造的粒子很小，不是人類肉眼所能看到（人類以為祂們是無形的，其實還是有形體的），因此祂們吸收的物質自然也是很細小的粒子，譬如食物的游離物（人類以為祂們在吸食物的氣或味道）和燃燒供禮產生的微小粒子（見〈燒紙錢的潛規則〉一四六頁一文）。

愈高等的靈體愈可自行吸收自然物質維生，不用人類供養，所以愈自在、神通愈高，如果被供養慣了，物欲愈重，神格和神通就愈降低了！而低等靈體的物欲就比較強，等級和能力都較差。正廟陽神是高等靈，無欲則剛，所以能維持善道、神通廣大；陰廟陰靈是低等靈，容易跟人類達成交易，以交換供養。

不過，正廟裡除了陽神，還有其他辦事的雜役，祂們大多還有享受香火的欲望，所以正廟還是有「犒賞兵將」的活動以表答謝，但這是**有節制的供養**。到廟裡拜拜攜帶「適量的」供禮答謝神恩（事實上是犒賞執事兵將）或以捐獻贊助替代供禮是可以的，但不要鋪張、血腥。

一般來說，愈低級的靈愈嗜血食，也愈不易超脫，而且愈凶狠；愈高級的靈愈清淨，愈清淨神通愈高。以前的人食物缺乏，拜拜時殺豬宰羊，自己也可以趁機進補一番，現在時代不同，已不須如此，目前很多大廟都會貼告示要求香客一爐一香、不燒大量金紙、以鮮花素果簡食替代牲禮，意即在要求清淨，這也是宗教改革的趨勢。

現代人環保意識抬頭，點香、燒紙錢是否也可免了？事實上確實可以用捐獻來取代，像佛教和恩主公就不燒紙錢，燒香其實是為了因應漢族民情的需求，而寺廟一開門就要經營費用，如果香客可以捐獻支持寺廟經營，當然也是供養的一種方式！

供品注意事項

廟方供品需要符合科儀禮儀，一般人當然不用患得患失，以自己祭拜後喜歡食用或方便為原則，但如果有心要注意一下亦無妨。

✷三牲

各宗教都講究「三」，如道教講究三才、三爻、三清；佛教講究三寶、三聖；基督教講究三位一體。祭祀主要祭品也用「三牲」，指陸上、水上、天上各一種牲禮，通常用豬（帶皮三層肉，象徵全豬）、魚（要全魚，不要去頭去尾，才會有頭有尾）、雞（要全雞），當然也可用羊、魷魚、鴨等類似物取代，不過因為「雞」臺語發音跟「家」一樣，拜「全雞」有「成家」之意，一般不會在供桌上缺席，尤以**公雞**為佳。雖然牛、狗現在已經不勞動了，但典籍多處明確記載禁食，所以拜拜還是嚴禁的；鰻魚、鱔魚、泥鰍因沒有尾鰭，意味「無後」，亦不上供桌。

為表隆重，也可增加到五牲，這時蛋也可以算一樣。如果家裡素食，現在都可以買到素食材料做成的三牲，那也無妨。

一般來說，階級愈高的神、愈隆重的典禮，用愈生鮮的牲禮，而且體積要愈大愈完整，如生的全豬、全羊，以示完整的祭獻；而愈接近人類的神則用熟食，表示親密隨和。但現在一般人拜拜當然方便就好，可用整隻手扒雞（烤雞）、肉鬆（乾）、魚鬆（乾）替代三牲；全以喜歡吃的食物替代亦無不可，說不定神明對現代的新玩意也很感興趣，想嚐嚐鮮呢！

佛教以及道教裡拜的佛、菩薩因為吃齋，所以不拜葷食，以鮮花、素果、簡食為之，連素三牲都不用。此外，道教裡的保生大帝（大道公）、玄天上帝（上帝爺）、恩主公、三峽清水祖師（生前是位禪師）都不拜葷食。

✵四果

「四」代表四季如意，**應以四季應時水果祭祀，而不是四種水果**。凡是拜拜的物品，都以單數為準，如三、五、七（月老除外），而且要清洗乾淨，用廟方提供的盤子整齊裝盛好。水果以圓形的為佳，象徵「圓滿」，此外意義吉祥的也很好，其中香蕉、李子、梨子、鳳梨四樣齊用，臺語唸就是「招你來旺」，頗受歡迎，但警消人員或祭拜好兄弟則不宜同時用這四種水果囉！桔類（吉）、蘋果（平安）也都吉祥。

不過，民間習俗認為，種籽可以吃進肚子裡的水果，如：芭樂、百香果、番茄、蓮霧不要祭拜，因為籽會發芽，神像多是木雕或土塑的，神像吃進去，會在神像肚子裡發芽，這當然只是人類自己的想像。又水果釋迦就是釋迦牟尼，當然也不宜囉！榴槤味臭，眾人與眾仙都敬謝不敏，亦不宜。

如果是神明的聖誕，還可準備祝壽供品，如：壽桃、麵線、壽麵、麵龜、紅龜粿、紅蛋等，這在市場或廟口都可以購得。

一般來講，菸、檳榔、保力達B等，不用來祭拜正廟陽神，只有特種行業祭拜陰靈使其發威才會使用這些會使人發性的食物。

✷花及胭脂

除了食物，情調也很重要，所以準備花束供神也很平常，尤其祭拜後將花束留在廟裡也有美化神壇的功能（廟宇都會準備讓人插花的花瓶）。相傳以花供神，自己會**有人緣**，將來兒女也會漂亮呢！如果祭拜的是女神，也可準備神明用的飾花、水粉，祂們也會很喜歡。

雜糧

隆重一點的話，有拜三牲者也可以搭配三杯酒，以示崇敬，祭祀中以倒**三次**為原則（所以酒杯不要一次倒滿），表示「酒過三巡」即可，以茶代酒也是可以的。其他如餅乾、罐頭、糖果、飲料等，都以能立即食用為主。拜好兄弟用生的米、麵、豆等乾糧祭祀，是要讓祂們帶著上路，所以另當別論。任何供禮都需未用過，以示尊敬，供禮擺設以豐富的放在前面為原則，依序是：三杯酒、三牲、四果、雜糧，花束用瓶子裝好置於兩旁，紙錢也放在旁邊，如果有花飾、水粉置於桌子前端，表示梳妝完再用食。

其他

除了上述的供品，很多人喜歡以蠟燭、酥油供養諸神佛，這是古老流傳下的習俗，表示光明。事實上，古代沒有電和電燈，點燭燃油能照亮廟堂，使廟堂明亮莊嚴，所以有功德，但今日都有電燈，廟堂都很光明，為了節能減碳，這個習俗應該可以改變。

Point **表達心意，心存善念**

正廟陽神並不需人類特別供奉，但執事兵將和開廟費用都需要香客酌於補貼，如此才能長久健全經營，如果無暇準備供品，以捐獻替代亦未嘗不可。

拜拜供禮一定要「未用過」，表示對神明的尊敬。

不過，如果以為拜得愈多、捐得愈多，神明就會特別照顧或滿足特殊所求，那可就錯了！正廟陽神是遵循善道、依法行事，因此，虔誠的以禮相待、心存善意、勤禮拜，才能夠蒙神眷愛。二〇一四年八月二十六日，臺灣名剎臺北行天宮正式取消宮廟內擺設的香爐和供桌，完全做到香客不用燒紙錢、祭香、獻供，只需雙手合十虔誠以心香禮敬神明即可，開現代佛道禮儀先例，也證明高級神靈不需特別物供養的事實，真是禮拜神明的典範！

特殊供品

一般人多是有需求的時候才會想到去拜拜，這也無可厚非，人只要身、口、意三業清淨，就會展現正向光明的磁場，負面陰晦的磁場自然不會靠近，而有困難的時候，拜拜神，找點慰藉作用也無不可。下面介紹幾個常拜神明和祂們的特殊供品：

土地公

居家土地公拜農曆初一、十五，商人拜初二、十六，這是指虔誠信仰者的固定祭拜時間，一般人平常日子，想拜就可以拜囉！土地公類似里長伯，到處可見，諸事可求，尤其是闔府平安（地方官）、進財（土地公是土地財神）、官司（土地公類似調停委員會主委）最有效，不過當然以自己居住、工作地點里上的土地公為其「管區」了。

除了一般供禮之外，土地公不像大官那麼講究排場，一般家常菜就可祭拜，尤其喜歡酒（久）、花生（生）、麻糬（黏錢）等庶民美食，除了美味還意思吉祥。此外，老人家返老還童，喜歡甜食，也可拜甜粿、糕點、糖果、米粩等，但老人家牙齒不好，供品選軟一點為佳。

文昌帝君

文昌帝君相當於考試院長，不只是**學生**，就連**成人的就業考試**、**升遷**、**考核**等，都是祂的管轄範圍。考生拜文昌帝君可以準備芹菜（勤）、蔥（聰）、粽子（高中）、桂花（文貴）；升遷考核以菜頭（好彩頭）、蒜（會盤算）、桂圓為吉利。以上的菜類以生菜為主，拜後帶回家煮食，增添實力。

財神爺

大家最喜歡的神，非財神爺莫屬了！財神爺有很多種，如果沒有特別指名就是指五路（或八路）財神和其中的中路財神——玄壇元帥趙公明。民間喜歡以粿拜拜，並將五種粿合稱「粿合」：紅龜粿、艾草粿、菜頭包、芋粿巧、發粿，象徵五路財神大集合，用來拜財神最適合，五粿合也象徵「五福臨門」，平時拜拜亦可使用。如果一時籌不到五樣，**發粿**就是一定要的啦，因為象徵「發發發」！此外，金桔、花生、芒果（忙）、甜飯、汽水、旺旺等，象徵財源廣進的食品亦很受財神歡迎。

月下老人

年輕情侶希望結成連理，或單身者希望找到理想伴侶，就要拜月老。拜月老可以準備鮮花（愛情）、紅棗（早找到）、喜糖（情人糖）、夾心餅（兩人同心）、桃子（桃花），女生還可以準備六個紅蘋果、紅（粉紅）色衣服、全新口紅和粉餅，以增加自己的魅力！

如果因而有喜事降臨而訂婚，別忘了帶一個喜餅去還願喔！有的城隍廟有供奉城隍夫人，祂也很喜歡幫人牽紅線，拜法和月老一樣，已婚女性有什麼家庭事務，也可求夫人幫忙。

相傳情侶不要相偕去拜呂洞賓（一般廟宇可以），如果相信這種說法的話就不要去試喔！除此之外，很多地方有姑娘廟、烈女廟，它們是流屍遺骸的陰廟，別搞錯了，求狐仙那就更加冒險了。

註生娘娘

很多人久婚不孕但想生個娃娃，就要拜註生娘娘，可準備「五子」：瓜子、花生、核桃、棗子、桂圓，保佑「五子登科」；另外，紮紅紙的麵線、紅蛋都有誕辰之意。習俗上也會準備**鮮花**（開花結果），想求男用白花，想求女用紅花，不拘的話就用一般鮮花。

等到成功分娩後，一般都會請親友吃油飯和麻油雞，別忘了也要準備一份去叩謝註生娘娘喔！民間相傳剛受孕時可以跟註生娘娘要求換花（男女生互換），這當然是不可能的，何況如果事與願違，除了大人會有點失望，孩子知道了之後會更難過！

保生大帝

人都會有生病或意外的時候，這時可以求醫神來保佑，醫神有保生大帝、神農大帝、華陀、扁鵲，其中又以保生大帝（大道公）最常見。保生大帝自幼茹素，因此以**素品**祭祀。一般廟會時都會殺豬宰羊，保生大帝法會亦不例外，但這是告天和勞軍，保生大帝本身是不食用的，很多人誤會了，亦以全豬、全羊祭拜保生大帝，這樣祂就有點無法下箸了。

保生大帝同時也是泉州人的保護神（漳州人是開漳聖王陳元光將軍），旗下也有一虎爺為坐騎，一般都以生雞蛋供奉，祂也會為人驅瘟逐邪喔！

田都元帥

現在很多小孩學音樂、考音樂班，或常參加歌唱和綜藝比賽，很可愛，時代在變，成就多元化，往藝能界發展也是不錯的選擇；又或者，現在是全民同樂時代，經常需在同樂會或聯歡會時舉辦或表演節目，這時就要拜田都元帥或西秦王爺（唐玄宗），而不是文昌帝君，因為祂們是戲曲之神，其中又以田都元帥比較常見。

相傳田都元帥自幼和母親失散，由螃蟹吐出泡沫哺育，再經鴨母餵食長大，所以神像額頭或嘴角上畫著一隻螃蟹，拜田都元帥時千萬**別用螃蟹和鴨子**喔！田都元帥是「田—都元帥」，田是姓，都元帥是職稱，和都城隍一樣，是等級最高的元帥，對**除煞**也很有效呢！

Point **正廟陽神，萬事吉祥**

其實神明幾乎都是有求必應，不分事務功能的，如果能就近親近正廟陽神，自然萬事吉祥。但因應各地方、各階層、各族群有特殊的民情需求，有些神明會被賦與一些特殊功能，入境隨俗，也算是一個有趣的習俗。

燒紙錢的潛規則

拜拜難免會燒紙錢，燒紙錢有什麼功能？怎麼燒？燒多少？現在是環保時代，少燒或不燒會不會「失禮」？

燒紙錢的由來

現代人都認為紙錢是活人燒給靈界的「鈔票」，給神明的貼金箔，故稱「金錢」，給亡者的貼銀箔，故稱「銀紙」或「冥紙」。但真的是這樣嗎？其實這個「紙錢鈔票說」跟流傳的紙錢發明傳說是矛盾的。相傳東漢發明紙的蔡倫因為紙的銷路不好，於是詐死，由他老婆哭哭啼啼的將紙剪成圓形（錢幣狀）燒給他，說是讓他在黃泉路上當盤纏並買通鬼卒，於是燒紙錢的習俗由此展開。

這個傳說一聽就知道是假的，蔡倫是個太監，哪來老婆？蔡倫雖是太監，卻是朝中大官，怎會開店賣紙？況且當時多數人是文盲，紙又是珍品，一般人根本不會買紙來用。最重要的是，這個傳說似乎在說，燒紙錢本來就是一場騙局。

那燒紙錢的由來為何呢？據筆者的推測，那是漢人用物品殉葬的習俗之一。古代經常用活人及實物陪葬，後來因為過於殘忍及浪費，因此部分改為土製仿製品一起下葬，稱為「俑」，如秦始皇的兵馬俑。一般人當然無法承擔做俑的費用，於是用紙紮，紙紮後就用燒的。紙錢原始的模樣便是剪成圓形通寶狀撒或燒給靈界，可見道理是一樣的。

那燒紙紮真的會變成靈界的實物嗎？

筆者曾在《聯合報》撰文打趣地說，臺灣人喜燒房子大屋給祖先，那靈界現在不就樓滿為患，靈界真有那麼多地皮嗎？況且臺灣人還會燒對金童玉女去服侍亡者，那地獄豈不平白無故多出兩條冤魂出來？所以，這無非都是反射活人現實的心理慰藉罷了。同樣的，全世界只有道教在燒紙錢，大陸因為文革破四舊也不燒紙錢了，目前**只有臺灣是靈幣主要供應國**，雖然「臺灣錢淹腳目」，但實在不足以形成靈界通貨。

根據各方宗教的說法顯示，燃燒紙錢、香、蠟燭……，產生的微小粒子都會變成靈體的食物。譬如道教說「享受人間煙火」；回教的《可蘭經》則明載：精靈（等同阿飄）吃炭；佛教則說：「段食者（即一般物質食物），若粗若細，飯等名粗；酥油、香氣及諸飲等，是名為細。」可見燃燒產生之氣為細食，而密宗則實施煙供和火供。由此可知，我們燒的紙錢和任何東西，都會變成靈體的食物。

燒紙錢禮儀

高等靈並不需人間煙火，低等靈才需要用大量香火跟祂交易，而且正廟都會每日並定期祭祀慰勞兵將，很多大廟也會貼告示提醒香客不要焚燒大量紙錢，所以香客並不一定要再焚香燒錢，用捐獻贊助廟方經營也是好方法。但如果偶爾想燒一點紙錢聊表心意，可以注意下列燒紙錢的禮儀。

金紙的種類

金紙種類繁多，加上還有專神專用的，不下十餘種，一般人不需要特別去了解，只要到廟裡（旁）的金鋪購買，就幫我們包得好好的。一般來說一定會有天公金，像A3這麼大張的金箔，是給玉皇大帝的。拜任何宮廟都一定先拜天公爐，所以必然先燒天公金給最大的老闆玉皇大帝。壽金則是給天上神明用的，上面印有福祿壽三仙的金箔。至於刈金（四方金），給在人間與人類親近的神明、祖先使用，上面只有金箔。

有的紙錢會用細紅紙紮起來，那是補運（財）的，**千萬別扯斷，整疊放下去燒**，散了就補不起來了！紙蓮花是用來渡化冤親債主的；有的金紙上面印畫實物，是象徵焚化後會變成物資給予靈體補給。

隨著時代進步，臺灣還出現鈔票狀由「冥國銀行」發行的大鈔和支票本，這就有點驚世駭俗了，不過因為面額高，動輒上千萬或億，倒是可以以一抵千，少燒好幾綑傳統紙錢，只是不知靈界兄弟買不買帳。

燒紙的程序

香燒到三分之一時，即可燒紙錢，先拿起放在供桌上的紙錢向神明稟告姓名、生日、住址、答謝神恩等，即可到金亭焚化。焚化時先**從大張的開始燒**，因為愈大張的是給職級愈高的神明。焚化時除了補運金不拆開外，其餘都先對摺，以利燃燒，有人說，沒摺過的金紙靈界無法使用，這沒啥道理，而且現在環保自動金亭都沒摺，整張吸進去，怎麼辦？有的廟宇香火過於鼎盛，或臺北市禁止當場燃燒金紙，就會集中紙錢運到別處焚化，此時只要在紙錢上寫上自己的資料即可。

✷翻動但不要攪碎

有時紙錢太多塞滿了不易燃燒，此時可以小心翻動讓空氣流通助燃，但**不要攪碎金紙**，以保持「票面完整」。

Point
迴向替代燒紙錢

現在天空的臭氧層已經破了三個大洞，相信住在天上的神仙應該比地上的人更受不！如果祂們天上有知，一定在吶喊著：「麥擱燒啊！」順順神意，給祂們一個良好的生存環境，多唸經、行善迴向給諸神應該是最好的方法！

用香的認識

拜拜的時候會用到香，香有什麼特殊的用途和功能呢？用香有什麼禮儀？現在是環保時代，拜拜一定要用到香嗎？

香的前身——薰香

原始的「香」是薰香，而且在五千年前各宗教便都在使用了。薰香是將香料（以沉香為主）的粉末置於香爐內緩緩燃燒，它富油脂能充分燃燒，不會造成嗆鼻和呼吸困難；香料的成分良好，燃燒後氣味芬芳並刺激大腦產生提神的功效，產生的煙霧則可以除臭消瘴、袪蚊驅蟲，被視為是高貴潔淨的東西，因此將薰香用於宗教場合，自然也十分莊嚴，會使人想要親近。

猶太教時期，耶穌誕生時，東方三博士帶著三樣寶物：沉香、沒藥、乳香覲見聖嬰，依照猶太教的習俗，用細麻布加上香料包裹聖嬰；後來的基督教在彌撒（集會）和典禮上也有薰香的儀式。回教不但將薰香用於儀式上，並將沉香油塗於往生者身上。不過要強調的是，猶太教、基督教、回教只是薰香和使用香料，並未用香祭拜偶像。

除了莊嚴聖地，香在宗教上，自然也有它的功能，大凡物品在宗教上的功能，多是由它具備的特性延伸而來，香能提神消瘴、袪蚊驅蟲，具備了**寧神**、**精進**、**潔淨**和**驅邪**的功能。在實務使用上，香、紙錢、供品等燃燒後產生的微小粒子，都是靈體的食物，即一般所謂的「享受人間香火」。

從薰香到獻香

佛道教後來將薰香部分演變成用線香（條狀的香枝）獻祭。原始佛教在修行時，便利用薰香來除臭提神、增進禪定和智慧，後來部分改以雙手持香禮敬諸佛，並加以宗教上的解釋：香煙是由熾焰中生出的芬芳，猶如化煩惱為菩提。到了佛教後期，還嚴格規定獻香的種類和儀式。

道教地區禮節繁複，除了將香條平置於香爐內禮供外，還有立香，多了竹腳，以便插立，香煙裊裊飛升，會把人的心意帶到天上。現在臺灣不分佛教或道教寺廟，香客大多用立香，也都備有香爐。另外還有懸掛起來可以長時間燃燒的環香，以便「香火不斷」。

真正的香，由檀木製造的檀香是金黃色，由烏沉木製造的烏沉香則是深灰色，兩者都是純香，分一尺六和一尺三，以長的拜神，短的祭祖。現在市面上的香多仿照成金色和黑色，並說金色用於祭神和祖先，黑色用於祭鬼和初亡者，其實是以訛傳訛，因為這都是化學香。

現在大多使用化學香，有害身體，最近一則報告指出，寺廟人員長期待在化學香煙裡，罹患肺癌比率偏高，所以用來祭神也是有害的，已喪失原始莊嚴、潔淨、驅邪、敬獻、提供香火的功能，因此現在燒香的意義恐怕不大了！而且**人與靈的溝通靠的是意念**，不是裊裊煙霧，所以虔誠的雙手合十並無不當。

用香禮儀

傳統說法中，香的煙是人與神溝通的橋梁（事實上是意念），有一些禮數可稍加注意。

香的枝數

拜神要用幾枝香？**單數**即可（因為單數屬陽，偶數屬陰。剛往生者拜兩枝，即取其偶數為陰），一般以一尊神三枝最普遍，象徵天地人「三才」或「一氣化三清」，現在提倡節能減碳，一尊神一枝亦無妨，象徵「太極」，所謂「一炷清香透蒼穹，萬道祥光照大千。」

點香

點香前**應先洗手**，以示潔淨。點香有專用的爐臺，不要用供奉神明或是別人燃燒祈福的蠟燭。點香時香枝放在火的邊緣容易燃燒，放在火心反而不易燃燒，將香枝呈傾斜角度讓火順勢向上延燒，很快就能燒起來。點完香後**用手搧熄餘火**，不要用嘴巴吹，以免噴到口水。

持香

拜拜時拿香的手勢有很多種，但只要「**正**」就可以了。拿香行進時用左手（左撇子用右手），並微微高舉，以免燙到別人。

插香

插香的方式也有很多種，一般以**兩手**（表示呈獻）以示恭敬即可，要垂直、正正插到中央，不要東倒西歪，也不要插在邊緣讓後面的人不方便插香。

點香時不要用供奉神明或別人燃燒祈福的蠟燭。

計時

香通常可用來計算計間，拜拜時亦同，香燒到三分之一時，即可一邊準備燒金紙，此時神明繼續享用供品。到了**一半時，即可準備離去**，如果沒有急事，多停留一下沐浴神恩或四處欣賞宗教藝術也是很好的；如果有事在身，當然也不用太拘泥這些小禮節。

Point

心香飄香最馨香

如以些許純淨天然的香供神，確實是禮敬之舉，也有宗教上的意義與功能，但若是化學香，那就敬謝不敏了！此外，在很多香火鼎盛的大廟中，工作人員得不時清除掉香爐上大把大把只燒了一點點的香枝，可見香實在燒得太多了。此時如以鮮花供神，也有薰香及莊嚴神壇的功能。另外，「心香」（意念）也是神明意識與精神上的食糧，雙手合十，心中至誠至善的祝禱請禮，或唸誦一段經文、咒語供神，一樣都是在供養神明，而且還是比「物供養」更高級的「法供養」呢！

如何擲筊

到廟裡拜拜，很多人喜歡順便向神明請教一些問題，或請祂指點迷津，這時就要擲筊（博杯）或抽籤，那要如何進行呢？有什麼禮儀呢？

擲筊程序和禮儀

請教神明問題可以只擲筊，也可以抽籤，只是擲筊大多是問「是」或「否」，大多用於「請示」，例如：神明收到了嗎？○○日舉辦法會可以嗎？如果是來「問事」的，還是得要抽籤，因為很多事情並不是「是」或「否」的問題，而是判斷和做法的問題，抽籤比較能有具體的說明與建議。

譬如：「我追這個女孩子好嗎？」好不好的標準是什麼？你企圖得到的結果為何？這些都是自己主觀的認定，不是由神明來幫人做決定的！要不要追得自己評估，幹嘛問神明？但如果用抽籤的話，就可能得到「雲開月出正分明，不須進退問前程；婚姻皆由天註定，和合清吉萬事成」的籤詩，表示以前有些挫折，但現在已經漸入佳境，只要再誠心相待，成功的機會很高，答案顯然中肯多了。縱使是問「這次聯考我會考上第一志願嗎？」這樣的是非題，也是用抽籤而非擲筊，因為這樣得到的答案是一個機率論而非絕對論，反而更具理性。

所以要先分辨到底該擲筊還是抽籤？若不是「請示」而是「問事」，還是以抽籤為主。而若要請示神明，擲筊程序如何？該說什麼？一切通順就好（規矩本來就是人訂的），說明如下：

❶筊凸的那面稱「陰」，平的那面稱「陽」。一陰一陽稱為「聖杯」；兩個陽稱為「笑杯」；兩個陰稱為「哭杯」。

❷擲筊前先依禮祭拜，祭拜後、燒紙錢前就是擲筊時刻。

❸擲筊不用再點香，站在神像前，用手掌將兩塊筊平的那面相貼（成一個太極），凹的那邊向自己，置於胸前（即心前）唸禱，要小聲地唸或心中默唸都無妨，主要是不要吵到別人。有的廟宇將兩個筊左右併置於金紙上，看過去的左邊是平面，右邊是凸面（這樣就是一個太極），這時就整疊將金紙拿起來置於胸前。（有的廟宇人員不懂這個規則，只將筊併置，不分陰陽，這時可以將筊擺好。）

❹**擲筊過程：**

(1)請安：〇〇（神明聖號）聖安。

(2)報名：弟子〇〇（姓名）。

(3)資料：農（國）曆〇〇年〇〇月〇〇日〇〇時生（不知生時則說「吉時」），現住〇〇（地址）。

(4)請示：今因〇〇（說明事由）懇請〇〇（神明聖號）聖示。

(5)規則：「如蒙同意請賜於連續三聖杯」，一鞠躬，擲筊。

注意

連續三聖杯的機率只有八分之一，失敗的機會反而高達八分之七，兩者的機率是不均等的，所以規則不一定要連續三聖杯，也可以是一聖杯，或把笑杯當聖杯，說明清楚即可。

(6)**擲筊**：將手中的筊輕輕地往上拋，落定，確定何杯，拾回。

(7)**再請示**：如果得到否定答案，則須修正內容再問，不能同樣內容再問一次。如：「因未周詳，未蒙聖恩，今修正為○○，再請聖示。」

(8)**三請示**：如果得到否定答案，則修正內容再問，不能同樣內容再問一次。如：「因未周詳，未蒙聖恩，今再修正為○○，再請聖示。」

> **注意** 如果第三次還是否定，就不能再問，否則就是褻瀆神明，這時可先暫停，視狀況稍後再問或擇日再問。

(9)**答謝**：不論答案如何，都要答謝神明聖示。「弟子○○感謝○○（神明聖號）聖示！」三鞠躬。

(10)**置回**：擲筊完畢後，恭敬將筊置回原處，不要隨意亂放。

5 **注意事項**：香客多時請注意不要打擾到別人參拜，可到一旁擲筊，並留心不要將筊擲得太高，以免掉下來時到處亂跳。若得到自己不想要的答案，不能心生不悅，或草草結束，心誠則靈，神明知你虔誠，下次便會更傾力告知。

擲筊後要依照執行嗎？

跟神明擲筊，也得到答案了，要依照執行嗎？先來說個笑話。

有一個保險業務員小楊去跟老王推銷，老王不想買，便藉口說未來的事誰知道？小楊靈機一動說：「未來的事問你家神明不就知道了？來擲個筊吧！」老王雖心裡不願意，但也沒理由拒絕，小楊便擲筊問：「神明啊，老王買一百萬保險好嗎？」結果得到哭杯，老王大喜，正要拒絕時，只見小楊又拿起筊說：「神明啊，老王買兩百萬保險好嗎？」只見又是哭杯，老王愣在那邊一時不知所措，可是小楊馬上又拿起筊說：「神明啊，老王買三百萬保險好嗎？」在筊還沒擲下去前，老王馬上跑上來制止說：「夠了，夠了，一百萬夠了！」

剛剛說過，擲筊用於「請示」而非「問事」，譬如：「神明用完饗了嗎？我可以收了嗎？」、「訂於〇〇日回來演布袋戲答謝神恩，好嗎？」這些答覆當然要遵守。像剛剛故事中是「問事」，用擲筊的方式便變得有點耍賴，「問事」用抽籤，抽籤的答案是建議式的，沒所謂標準答案，就參酌一下，這下文再討論囉！

Point

善《易》者不卜

古時有句話說：「善《易》者不卜。」意思是說，《易經》很厲害的人，反而不會隨便卜卦，因為他知道《易》的精神是在中正，不是在卜卦。一樣的，一個真正對神明虔誠的人，也不會隨便問神明事情，因為他知道宗教的道路就是行善，堅持選正善的那邊走就對了，何須多問？因此，問多的人只是表現自己愈搖擺、愈懦弱而已，勇者無懼，智者無惑，何須多問？

如何求籤

前一章提到，「請示」用擲筊（博杯），「問事」（縱使是簡單的是非題）用求籤，那求籤有什麼程序呢？

求籤的程序

籤詩可分「通用型」和「專用型」，一般廟宇的籤詩多是「通用型」，不論事業、愛情、考試……，都可請問，再依詩句吉凶判斷所問之事的吉凶。而另一種則是「專用型」，如：月下老人、文昌帝君，所有的籤詩都是針對愛情或學業（事業）而答。原則上，方便就好，心誠則靈。以前保生大帝、神農大帝、華陀廟還可抽「藥籤」，現政府已經明令禁止。

求籤程序如下：

❶求籤前先依禮祭拜，祭拜後、燒紙錢前就是求籤時刻。

❷求籤不用再點香，站在神像前，用兩手合掌（這樣就是一個太極）置於胸前（即心前）唸禱，要小聲地唸或心中默唸都無妨，主要是不要吵到別人。

❸**求籤過程：**

(1)**請安：**〇〇（神明聖號）聖安。

(2)**報名：**弟子〇〇（姓名）。

⑶**資料**：農（國）曆○○年○○月○○日○○時生（不知生時則說「吉時」），現住○○（地址）。

⑷**稟告**：今因○○（說明事由）懇請○○（神明聖號）賜籤。

⑸**求籤**：籤筒有兩種，一種是大型的不能拿起來，這時就將全部籤枝在籤筒內攪拌，隨著攪拌的進行和彼此的碰撞，有些籤枝會逐漸冒出來，最後選擇冒出來最高的那枝。另一種籤筒則是可以拿起來的，這時拿起籤筒斜著上下搖動，有些籤枝便會逐漸冒出來，最後選擇掉下來或冒出來最高的那枝。

⑹**確認**：將籤枝置於神桌上，雙手合十向神明稟告：「○○（神明聖號），如為此籤，請賜予連續三聖杯。」擲筊連續三聖杯的機率只有八分之一，失敗的機會反而高達八分之七，因此機率是不均等的，所以確認不一定要連續三聖杯，也可以是一聖杯，或把笑杯當聖杯，說明清楚即可。

⑺**再請示**：如果得到否定答案，則將籤枝置回籤筒重新求籤、重新確認，直到得到正確的籤枝為止，並記住籤號。

⑻**答謝**：得到籤枝後，答謝神明賜籤。「弟子○○感謝○○（神明聖號）賜籤！」三鞠躬。

⑼**置回**：將筊、籤枝、籤筒恭敬置回原處，不要隨意亂放。

⑽**取籤詩**：籤詩多會製成籤條置於籤櫃，自行前往依號碼拿取。有些寺廟沒有製成籤條，則翻閱「解籤本」。

④**解籤：**如有廟祝則請教廟祝，多數寺廟在服務臺或籤筒處會放置「解籤本」，也可自行翻讀。

⑤**注意事項：不能同一個問題重複抽，或抽到不滿意的就當場說「不準」**。心誠則靈，神明知你虔誠，下次便會更傾力告知。

如何問問題

求籤有兩個很重要的事項，便是求籤的態度和如何問問題。首先，一定要有明確的問題要問，愈急切的想問問題，在腦波的作用下，自然愈可能得到神明明確的指示；如果只是好玩，隨便問問，自己也不是很在意結果，不但對神明不敬，以後求籤也不太會靈驗了，所以拜拜禮佛不一定要求籤，真有疑難再問。

再者，便是如何問問題，如果問得不清不楚，再聰明的智者也無法答覆你，何況是透過求籤？因此要明確**問題的主旨**、**具體陳述**、**自己想得到什麼形式的答案**？如：「弟子○○參加今年大學聯考，不知能否考上前三志願？」、「弟子○○與女友○○因○○發生誤會（陳述經過），已三天未聯絡，請問神尊，兩人要如何才能化解？」其他注意事項如下：

- **已經決定好的事不要再問：**已經決定要出國留學了，就不要再問出國留學好不好？應該請教留學的注意事項。
- **一次只有一個問項：**「我適合去甲公司，還是乙公司上班？」這便有兩個問項。正確的問法是，「我自己分析去甲公司有什麼優缺點，請問去甲公司狀況會如何？」再問：「我自己分析去乙公司有什麼優缺點，請問去乙公司狀況會如何？」再兩者相權相衡。

- **不要問主觀的問題**：「小莉會是好妻子嗎？」
- **不要請神明做決定**：「弟子想開一家早餐店，請問可不可以？」正確問法是：「弟子想開一家早餐店，分析利弊……，不知神尊有何建議？」
- **不要問已經知道的事**：「我車子還能找回來嗎？」（其實已經找回來了。）
- **不要問他人隱私**：「請問我是小莉第一個男朋友嗎？」或「請問小莉目前有男朋友嗎？」
- **不要做白癡問神法**：任何系統都有它的適用範圍，並不能包山包海，籤詩亦然，所以不要問類似這種問題：「請問火星上有生物嗎？」「請問凶手現在人在哪裡？」「請問答案是ＡＢＣＤ哪一個？」「請問黃河流經哪幾省？」

求籤後要依照執行嗎？

遵照上面的發問原則得到的答案都是建議式或提醒式的，譬如「真金經火煉千回，此物生成七寶魁；分明骨骼非常在，誰肯移來就炭灰？」便表示玉不琢不成器，你頗有資質，應該勇於接受歷練，有嘉勉去做之意，也預告了過程會非常辛苦，但事成之後非同小可！至於要不要去以身試火、化骨成寶——神明提供建議，決策權在你，這才是求籤的真義，而不是宿命！〈有趣的籤詩〉二六一頁對籤詩有更進一步的解析，敬請參閱。

Point

與神對話的自由心證

得到籤詩的解釋其實是很自由心證的，有個書生趕考時書籍掉在地下，同儕譏之「落第（地）」，該書生卻很高興地說：「及第（地）」，這就是「念」。同樣的，神明給我們一個建議，我們要「正念」：感謝神明給我提醒，讓我有事先準備的機會；也要「轉念」：我把缺點改正就萬事ＯＫ了。這就是「正信」而非「迷信」，這樣的諮商就有意義，人就有力量了。

誰是財神爺？

大家最喜歡的神明非財神爺莫屬了，新年第一句話是「恭喜發財」，給的禮物是紅包，可見發財沒人不愛！但終究誰才是保佑發財的財神爺呢？民間對此說法不一，有正財神、偏財神；武財神、文財神；庫財神……，本文就介紹大家最喜歡的財神！

五（八）路財神

如果沒有特別指明是哪尊財神，一般指的就是**五（八）路財神裡的中路財神趙公明（趙天尊）**，造型是黑面、怒眼、戴武冠、持鐵鐧，坐騎是一隻黑虎，也有廟宇做文身造型，那是將祂人格化。

誰是趙天尊說法不一，最常見的是《封神榜》裡的一位高真神仙，道教封為「玄壇元帥」；一說祂是后羿射下的九顆太陽中，僅存並修練成仙的一個；一說是一位孝心感動天的孝子，所以玉皇授予無數珍寶，孝子求祂特別有效！一說是五位瘟神之一，被民間奉為逐疫之神；臺灣很有名的「炸邯鄲（寒單）」的寒單爺也是財神爺，並認為「寒單」是「玄壇」的轉音。

《封神榜》裡封「招寶天尊蕭昇」（東路）、「納珍天尊曹寶」（西路）、「招財使者陳九公」（南路）、「利市仙官姚少司」（北路）四位神仙專司迎祥納福、商賈買賣，而以趙公明為統帥，合稱「五路財神」，趙公明屬正財神，其餘屬偏財神。如果再加上天、地、人三位財神，則稱八路財神。

趙公明因為是武將造型，故亦稱為武財神，此外，「玄壇元帥」就是道壇總護法之意，所以除了是財神，還有除疫、驅邪的功能！

武財神

民間最常認為的武財神可能是**關聖帝君**，因為關帝以信義流傳千古，而商人最須注重信義，故奉之。

而另一個說法是，歷史上有三大商人，分別是：猶太商、威尼斯商，以及漢族的晉商。晉商就是山西商人，自堯舜時代起就是著名的商隊，關帝是山西人，因此晉商自然供奉關聖，亦因晉商而得到財神的封號。

文財神

文財神一般最常用的說法便是林姓的始祖比干，祂是一位忠心丞相，因為不滿紂王寵幸妲己暴虐無道，進諫直言而被挖了心。已經無心，便不會有貪念，因而被封為掌管天下財庫的庫財神，也是文財神。

據說，比干被挖了心後還沒立刻死，走到城外聽見有人在叫賣「空心菜」，這一喊驚覺自己沒心了，才倒地身亡。所以**拜文財神**，**千萬不要用空心菜**，空心菜也代表裡子空空如也，祭拜其他財神也不適宜。

偏財神

「偏財」是指非正常勞動而獲得的橫財，像賭博、大樂透、非法營業、不勞而獲等，都是偏財，現在的偏財神指的是韓信爺。韓信在投靠劉邦以前就是個混混，還因而蒙受「胯下之辱」，相傳祂發明了骰子讓士兵在困乏時玩樂，提振士氣，是漢族正宗「賭神」，所以封為偏財神。現代人將偏財神塑型成一手拿骰子、一手拿元寶的神明，還頗合意。

其他財神

除了上述幾位財神，還有幾位大家經常看到的神明也是財神，不要忘了跟祂祈求財運喔！

- **土地財神**：土地公能夠保佑農人莊稼豐收、商人生意興旺、居家平安富足，是居家及鄉里的財神爺。
- **歡喜財神**：現代人喜歡以布袋和尚作為彌勒佛的造型，同時認為祂也是一位財神爺，因為布袋和尚笑口常開，能夠和氣生財，而且祂大大的袋子跟肚子象徵藏滿了財富，所以被人當財神爺供奉。
- **送財神**：貔貅是民間常用的招財獸，牠喜歡吃錢但沒有肛門，錢財只進不出，而且還兇猛得很，能進財又能守財。關聖恩主公身邊的火神豁落靈官，統籌百萬貔貅，能為人送財，不過只送忠義善良之人。

- **準財神**：三腳蟾蜍是民間常用的招財吉祥物，「蟾蜍」臺語「田厝」，很吉祥，喜歡到處叼錢！為什麼三隻腳？相傳有一次牠從山上掉下來摔斷了一條腿，但就意義上來說應該是牠斷了一隻腳（被人制伏）才不會活蹦亂跳又把錢財帶出去。傳奇故事「劉海戲蟾蜍」把蟾蜍給制伏了，因此以劉海禪師也是位準財神，但得到的錢要布施才能獲得更多回報。
- **藏傳佛教財神**：密宗財神種類很多，大家較熟知的是五姓財神——黃財神、白財神、黑財神、紅財神和綠財神，和漢族五行的顏色一樣。佛教財神主張「先捨後得」，先布施方能得福德。

Point **道德吉祥，道德生財**

財神雖然能為人帶來錢財，但祂們不是隨便就給人財富的，草屯敦和宮財神廟有一句標語：「道德平安、道德吉祥、道德生財。」德為財之本，財為德之生，漢族向來講究「儒商」精神，利人利己，建立互惠雙贏的財富，不但是生財之道，也是現代社會建立大同世界的方法！

情人剋星不能拜？

拜拜有一些特定的習俗和禁忌，在現代社會還管用嗎？其實這些禁忌都是從民間傳奇演變而來，很有民俗樂趣，了解一下也無妨，至於要不要「入境隨俗」，就視個人意願了，如果因為不知情而觸犯禁忌也不需惶惶恐恐，所謂「無禁無忌呷百二」，不知者無罪，而且既然是鄉里傳奇，不是史實而是八卦，神明自然也不屑一顧了。

呂洞賓是情侶殺手？

相傳情人不能相偕去拜呂洞賓（孚佑帝君），不然會分手，很多人因而認為情人不能相偕去廟裡，這是擴大解釋的誤解。呂仙祖是道教南北二派的共同始祖，地位之高可見一斑，只是鄉野傳奇為了增添神祕性與戲劇性，經常將神仙人格化來大做文章搞噱頭，古時民智未開、信仰堅貞，便信以為真，因而成了習俗或禁忌。

呂仙祖的傳說極多，大家耳熟能詳的有「黃粱一夢」、「點石成金」、「狗咬呂洞賓」、「剃頭始祖爺」……，算是金獎級的票房神仙。現在「八仙」中的祂是以溫文儒雅的書生形象出現，而且還是漢族劍仙，英俊瀟灑可想而知（史實上，他是位落第書生）。既是風雅書生，要做神仙花邊故事，自然成為首選A咖，流傳的戲碼有「呂洞賓三戲白牡丹」、「呂洞賓與何仙姑」、「呂洞賓遇觀音修橋」、「媽祖大戰呂洞賓」等，甚至還有傳說孫悟空是呂洞賓和觀世音的結晶。

會說呂仙祖是情人剋星，便是源自於這些傳說，呂仙祖在成道前追求過白牡丹不成，後來移戀要讓祂渡化的何仙姑，觀世音看不下去要渡化祂，也被祂給看上了。由於生性花心又屢屢感情受挫，於是由愛生恨，對恩愛情侶特別看不順眼。至於「媽祖大戰呂洞賓」則是「大道公鬥媽祖婆」的翻版，下面會提及。

呂仙祖是劍仙自當有配劍，但祂的造型是背上揹著劍鞘卻沒有劍身，有一傳說是何仙姑很厭煩呂仙祖的追求，但又怕祂身上那把七星劍，於是故意把絲絹丟在地上，呂仙祖看到果然彎腰去撿，何仙姑便趁機從祂背後將劍抽過來，但一放手劍就會飛回劍鞘，所以何仙姑便用斷靈巾綁住寶劍，丟到萬年古井中銷毀。

這些當然都是鄉野傳奇，祭祀呂仙祖最有名的臺北指南宮就明確澄清，這都是以訛傳訛，情侶可以相偕來拜拜。另外，恩主公龍邊的孚佑帝君也是呂仙祖（虎邊是灶神司命真君），五文昌中有一尊也是呂仙祖，當然八仙中祂也是一仙，所以說，**我們其實經常拜呂洞賓，只是自己不知道，也沒發生什麼事呀！**

另一個呂仙祖有鞘無劍的傳說是，玄天上帝為了收服作怪的龜妖和蛇怪，向呂仙祖借七星劍，事畢後玄天上帝為了繼續執勤，暫不打算歸還，但一放手劍就會自動飛回去，只好緊握不放。現在玄天上帝的造型就是手握寶劍但沒有劍鞘，而腳踏被祂收服的龜蛇二妖，以後見到兩位仙尊就不要問起寶劍之事，免得舊帳重提徒傷感情。但就意義來說，玄天上帝時時值勤，身不卸甲、手不離劍，自然也無須劍鞘了。

保生大帝也曾感情受挫

上文提到「媽祖大戰呂洞賓」是「大道公鬥媽祖婆」的翻版，傳奇說，保生大帝（大道公）與媽祖婆是家族世交並有婚約，長大後大道公醫術有成前來求婚，媽祖出了種種難題加以考驗，大道公都迎刃而解，而且還醫治了虎精、救了媽祖的哥哥（所以虎爺變成保生大帝的坐騎），媽祖因而準備下嫁，大道公還送媽祖水粉，媽祖則送大道公帽子作為定情之物。

然而，媽祖名列仙班要渡化眾生，怎能嫁人？因此王母娘娘便化作產婦（一說化作母羊）分娩讓媽祖瞧見，媽祖因而厭惡男女之情，臨陣逃婚。大道公當然十分火大，於是作法下起大雨，要澆淋媽祖臉上的水粉，媽祖不甘示弱，也颳起大風要吹落大道公頭上的帽子。所以俗語說：「大道公風，媽祖婆雨。」大道公誕辰之日一定會颳風，媽祖婆誕辰一定會下雨。後來媽祖出巡時，陣仗上的官牌便有一面是「風雨免朝」，風跟雨不用來朝拜，這樣才不會又下起雨來，而且媽祖廟也不陪祀大道公，大道公廟也不陪祀媽祖婆。

這個傳奇十分精彩有趣，但「風雨免朝」乃因媽祖是航海女神，保佑船家一帆風順，風雨來朝反而不利，就賜予免朝，只是說書人的想像力豐富，便把它給傳奇化了。此傳奇很顯然是「張冠李戴」，因為大道公自幼茹素、習醫，不是什麼浪漫的人，還是呂仙祖的瀟灑形象比較像追女仔，而且大道公被誤認是呂仙祖也不是第一次（兩位都是一線男神），譬如也有傳說說玄天上帝的劍是跟大道公借的，大道公是醫神當然不用配劍，跟祂借劍就沒道理了。

不過話說回來，臺灣民間之所以流傳保生大帝與媽祖天后意氣之爭，其實是移民爭奪地盤乃至集體械鬥的敵對情緒轉移，保生大帝是泉州保護神，媽祖是湄洲保護神，兩幫臺灣移民早年就有許多紛爭，也把梁子結到神明身上。

臺灣最早建立的廟宇（開臺首廟），據文物「推定」是臺南新化保生大帝廟，俗稱開臺大道公廟，約建於明萬曆四十六年（一六一六年）荷據時代，比鄭成功登臺還早四十五年，廟中保生大帝金身亦被認為是**全臺第一座唐山神像**。而臺南市開基天后宮建於明永曆十七年（一六六二年），媽祖神像還是當年隨鄭成功艦隊來臺的「船仔媽」金身，雖然時間上略晚於前者，屈稱第二，卻有正式史籍可查，而且身分非同小可。兩者除來臺時間接近、爭奪嫡傳地位外，還屢屢為求吉地建廟而起爭執，競爭激烈可想而知，難怪後人會編出兩神鬥了起來的故事。

Point **民俗故事，莫當史實**

漢族因為文化悠久、幅員廣闊，所以傳說層出不窮，但又因為民智未開、信仰堅貞，多把傳奇當史實，並且深信不疑，還形成牢不可破的禁忌，甚至到了現代很多人還抱著「寧可信其有，不可信其無」的態度遵守著，如果還原歷史真相，就會知道什麼可做，什麼不可以做了。

世界三大宗教活動之一的臺灣活動是——大甲鎮瀾宮媽祖遶境。

三月痟媽祖

臺灣俚語有一句話：「三月痟媽祖，六月痟關公。」說明臺灣兩大神明信仰。農曆三月二十三日是媽祖誕辰，這時許多媽祖廟都會開始遶境，全臺沸騰，其中以大甲鎮瀾宮媽祖遶境最負盛名，信眾在隊伍裡跟隨神轎後面露宿風餐徒步九天八夜，沿途民家自動提供餐點、沐浴，預估參與人數近百萬人，全程參與者近三萬人，名列世界**三大宗教活動之一**，可見媽祖信仰之龐大與堅貞。

媽祖的身世

如此神威顯赫的神明，自然要清楚交代祂的身世，現在一般民間採用的原始版本如下：她是宋朝福建省泉州府莆田縣湄州島的姑娘林默（「娘」是尊稱），生性至孝，因父兄與眾人出海遇到暴雨，怕他們在暗夜中找不到回航的方向，便晚上冒雨在海邊提著燈籠當燈塔，因而不幸罹難，得年二十八歲，村民感念其孝心與義行，因此建廟祀奉，久了便尊稱其為「媽祖」，媽祖是女性祖先的意思，臺灣人說是「祖媽」。

任何有關神明的傳說必定會再加上神話，於是原版本又加上媽祖收服千里眼（綠色）、順風耳（紅色）這兩位山妖水怪的故事等，之後又穿鑿附會說保生大帝（大道公）前來求婚，因而大鬥法的傳奇。

不過，學界的說法又不太一樣，根據諸多史料顯示，媽祖姓林，是一位天生有神通能力的靈婆，因為靈驗無比，被當成湄州女神。宋徽宗時，有一大使前往高麗，航海途中船隊遇到風雨翻覆，只有大使的那艘船因為有一女神現身相護而安然無事，地方人士說那是湄州女神顯靈，大使回國後便向皇上稟告此事，朝廷於是下昭立廟祭祀，這便是媽祖發跡的開始！由於福建是海外移民的大宗，隨著海外移民，媽祖的海洋信仰版圖就隆重地展開了！

在古代，朝廷為了利用宗教安撫、教化及收買人心，會冊封神明，而且有等級之分，女性的神明等級可分為夫人、妃、天妃、太后、聖母、天后（母、娘、婆、媽，則是民間親暱的稱呼），媽祖最後終登上天上聖母、媽祖天后的至尊寶座。

除了**移民的展開**帶動媽祖信仰的擴張外，神明地位的提升往往也與**政治因素**有關，媽祖也不例外。明朝鄭和七次下西洋，不但是漢族宣揚國威的盛事，也是世界史上的一件大事，為祈求航海平安，鄭和每次都會率領二萬七千餘名官兵祭祀媽祖，場面壯觀浩大，鄭和還曾兩次奉明成祖之命到湄州主持祭祀大典並擴建廟宇。到了清朝，為了用宗教統治漢人，很多漢神都升格，加上施琅請出媽祖同行征服臺灣有功，於是在康熙年間升格為天后，一代航海女神至此也確立了無可取代的地位。

誰是臺灣第一媽祖廟？

除了是唐山移民區外，臺灣也是四周環海的島嶼，媽祖信仰因而歷久不衰——媽祖遶境甚至蔚為世界三大宗教盛事之一，於是哪間廟宇是臺灣第一媽祖廟，便在宗教界掀起爭議。

澎湖縣隸屬臺灣省，所以一六〇四年（明朝）興建完成的**澎湖天后宮是臺灣第一間媽祖廟**，澎湖縣政府馬公就是臺語「媽祖宮（媽宮）」的簡稱與改變而來。而臺灣本島則有北港與鹿港媽祖廟孰是第一之爭。

筆者媽媽是鹿港人，老家又住在媽祖宮商區裡，從小就聽她用濃濃鹿港腔說一些媽祖傳奇，她說，由於北港和鹿港媽祖廟爭論誰是正統不休，所以決定派一隻小鳥去湄州祖廟請示（那時還是戒嚴時代，兩岸無法往來的關係吧），媽祖於是要小鳥叼一件鳳袍回鹿港以茲證明，但小鳥聽成北港，把鳳袍給了北港媽祖，搞錯後，湄州媽祖只好又派小鳥叼一副耳朵跟嘴巴給鹿港媽祖，因之北港媽祖穿正袍，但鹿港媽祖靈驗。

這樣的民間傳說真的很可愛，不過我老覺得懸案沒解開，考諸史實是這樣的：一六六四年（清朝），大陸樹璧和尚攜帶一尊湄州媽祖廟裡的神像（分靈）來到雲林縣笨港建立天妃宮，並於一七〇〇年完成，即今北港天后宮。現在風靡全球的大甲媽遶境一開始終點站便是北港天后宮，因為大甲媽是從北港媽分靈出去的，而且北港媽祖廟有祭祀媽祖的聖父母，所以遶境也是「回娘家」（後因寺廟競爭，大甲廟方否認此事，並改往新港奉天港「會香」，也自建聖父母殿，遶境不再「回娘家」）。

至於鹿港媽的事跡如下：湄州媽祖廟一共有六尊開基媽祖神像，一六八三年，清廷派施琅攻臺，施琅於是請出二媽同行，並一舉攻占臺灣，說是庇佑，其實也是一種宗教統戰。這尊神像目前保存於一七二五年興建完成的鹿港天后宮。湄州六尊開基媽祖因移民攜出，只剩兩尊，且都毀於文化大革命，其餘散佚海外的四尊，除鹿港媽外亦不知所終，所以鹿港媽是目前全球唯一僅存的開基媽！

從以上事跡來看，北港媽確實比較早來，但身分是分靈不是開基媽，鹿港媽雖晚來一步，卻為正身開基媽。不過事實是，這兩廟都不是臺灣島的媽祖首廟，**首廟是臺南市開基天后宮**，建於明永曆十七年（一六六二年），媽祖神像還是當年隨鄭成功艦隊來臺的「船仔媽」金身，來頭真的不小吧！

關於媽祖的二三事

一般神像除了原本就是黑臉（如包公）或特殊容顏（如關公），大多都是以膚色出現，但媽祖卻有三種顏色。紅面媽（皮膚色）是人格化的造型；烏面媽（黑色）原本是用來稱呼鹿港天后宮的媽祖，因為祂長期受信徒的香火燻習，臉被燻黑了，所以這麼尊稱，後來一些媽祖廟也襲以延用黑色，顯示神格化。另有金面媽祖，這是至高尊貴的神格。

此外，大家一定常聽說媽祖還分大媽、二媽、三媽……，這是依照神像雕塑前後依序編號的，一般來說，古廟最早的「開基媽」是國寶級的鎮宮之寶，豈可隨意放在殿裡讓宵小有機可偷？所以便會收藏起來，這就是大媽，而另做一尊「鎮殿媽」置於大殿讓人祭拜，這便是二媽；至於遶境或出巡時，鎮殿媽如果外出，廟中豈不無神？所以另外再做一尊「出巡媽」，這就是三媽——因此至少就有三媽，臺灣俗諺便說：「大媽鎮殿、二媽吃便、三媽出戰。」另外，有的廟宇還會有媽祖會會長、每年輪流做莊的正副爐主、信徒會請神像回去供奉……，如此就會多到六、七甚至八、九媽了。

媽祖的造型在臺灣是慈祥、福泰的太后形象，在大陸則是淑女形象，戴后冠、穿后袍，貌似年輕皇后，因為媽祖昇天時只有二十八歲，基隆慶安宮的露天媽祖巨像便是仿大陸造型，乍看以為是觀音。

Point

道中觀音，慈悲憫人

雖然媽祖是道教的神祇，但也深受佛教的信仰影響！現代關於媽祖身世的傳說，便是採用明朝昭乘和尚所著的《天妃顯聖錄》；北港天后宮媽祖神像是由清朝樹璧和尚攜入，該宮目前仍採用佛教儀式進行祭祀；當代高僧星雲法師也對媽祖極為推崇，曾做〈媽祖歌〉及諸多篇章讚揚，認為祂是道教中的觀音菩薩。

筆者除了媽媽是鹿港人，也曾於大甲工作，對媽祖自然備感親切。不管媽祖是天后、太后還是皇后，是紅面、烏面還是金面，每當看到善男信女絡繹不絕的虔誠朝拜，那種對人的善良與對鄉土的感恩，總是令我感動不已，無怪乎世人都說：「臺灣最美的風景是人。」因為在神的恩澤下，我們是那麼和樂地活著。

七月鬼門開？

漢人相信「廣結善緣」必能「廣種福田」，因而好客，連對「好兄弟」也不例外，每到農曆七月相傳是鬼門開的日子，無不大肆普渡拜拜，除了心存善意讓地獄裡出來「度假」的好兄弟飽餐一頓外，也希望祂們能因為心存感激而為自己帶來好運，至少不要來「葛葛纏」。但七月真的是地獄鬼門開的日子嗎？普渡真的能慰勞這些好兄弟嗎？

鬼門開傳說的由來

如果考諸佛教與道教的歷史與典籍，大家可能會嚇一跳，因為它們根本沒有所謂七月鬼門開的說法！

✹佛教的鬼門源自盂蘭盆節

漢族農曆七月「鬼門開」，源於佛教的盂蘭盆節，**「盂蘭盆」是「倒懸」之意，意為地獄眾生如被倒吊著一般**，苦不堪言。這個典故由來是因為佛陀十大弟子中，神通第一的目犍連（簡稱「目連」）用天眼通看到母親在地獄受苦，心裡非常難過，想救母親出離地獄，佛陀便教他，在夏天綿綿雨季結束後，供養佛法僧的功德最大，將此福德迴向給母親，便可讓她得救。目連於是聽從佛陀指示辦理供養法會，果然，不只是母親從地獄得到渡脫，連與母親同在地獄受苦的眾生也一併得救，所以佛教稱七月為「孝親月」。

這個習俗流傳到漢族後，民間便將它戲劇化，還流傳一齣《目連救母》的戲碼，說目連為了救母親，大破地獄，所以鬼魂都跑出來，這也就是漢族認為七月是鬼門開，以及應該普渡的由來。但這是民間說法，正統道教記載的卻不是如此。

道教鬼月稱中元節

農曆七月十五道教稱為「中元節」，這時要辦法會懺悔來請求老天爺赦免罪責。道教在玉皇大帝之下有「三官大帝」，位同三公，祂們的神號與職司是：上元天官賜福、中元地官赦罪、下元地官解厄。其中天官聖誕為元月十五，是「上元節」，也稱「元宵節」，即「上元之夜」的意思；地官聖誕為七月十五，稱「中元節」；水官聖誕為十月十五，稱「下元節」。

因此，農曆七月十五「中元普渡」，是漢族固有**中元節結合「目連救母」傳奇的結果**。但農曆七月總是被繪聲繪影地說得鬼影幢幢，七月真的有特別靈異嗎？既然沒有鬼門開，當然就沒有成群阿飄穿越時空自由行的異象，許多關於鬼門開的禁忌自然是人的心理作用而已！然而，農曆七月不但是酷暑之時，人心浮躁，也是瘴癘季節，百病叢生，因此天災人禍發生的機會最高，倒是不可不慎！

七月要普渡嗎？

如果七月沒有鬼門開，那普渡有需要嗎？普渡雖然沒有地獄旅客來吃流水席，但人類既然辦了這麼「澎派」的餐會，又這麼熱心地邀請招待，在人間遊蕩的阿飄自然就傾巢而出來赴宴了，有陰陽眼的人看到這麼多陌生的阿飄過來，自然會依循古例以為那是地獄訪客。所以人類辦普渡，就類似歲寒時辦街友會，慰藉的是那些**在人間流蕩的遊魂**，而非地獄的鬼魂了。

只是，人類不應該一直把焦點放在準備供品祭祀好兄弟這件事上，慰勞孤魂野鬼雖是民胞物與的慈悲表現，但這只是讓祂們飽餐一頓，終究沒有渡脫祂們，反而讓祂們吃飽了繼續在人間遊蕩，更不想去渡脫！包含普渡在內的任何法會，標準流程都是透過儀式和誦經來請神、說法、求懺、布施、酬神，如果好兄弟參與法會，聽了法，心生懺悔，並在吃了一頓好餐、看了一齣表演後，喜悅地跟著神明或菩薩去投胎，才是最完美的結局；若只是來海削一頓就落跑，實在不是大家樂見的結果！

普渡拜拜禮儀

想要慰藉一下阿飄兄，其實也是仁慈的表現，當然亦無不可；沒有在家裡祭拜習慣的人，可以到廟裡去認捐：很多廟宇都會準備好供品讓善心人士出資認捐，然後擇日辦理法會集體布施，拜後的供品如果不想帶回家，廟方也會代為處理，例如送給孤兒院，或是在節日時煮給香客當點心。

普渡法會的主神是太乙救苦天尊，以期拔渡這些鬼魂，而道壇總護法則是一位焦面凶狠將軍，稱作普渡公（大士爺），佛教說祂是觀世音化現的鬼王，道教說祂是鬼王蚩尤，總之，就是七月普渡拜好兄弟時，香直接插在供品上（香頭向外）即可。

普渡法會的總管鬼王，維持這群鬼魂的秩序，並負責再將祂們帶回去。祭拜時要先拜道壇上的太乙天尊和一旁監壇的普渡公，法會的供桌上都會插上**小三角旗**，表示這是可以享用的，以免這群餓昏頭的飄哥飄姊毫無秩序的到處亂吃。

七月普渡又以**基隆老大公廟**最負盛名，其民俗儀式完整而隆重，該廟本是埋葬泉、漳兩派移民械鬥亡者的公墓（故尊稱為「老大公」），後建廟立祀，還名列臺灣歷史建築百景。

如果在家裡普渡，則須注意下列事項：

❶供桌要擺在**大門外**，千萬不能擺在門內，不然就是屋主請好兄弟進去，這時門神也無法擋。

❷除了一般的三牲（半熟，鬼魂喜血食）和四果外，不拜類似「招你來旺」（蕉李梨鳳）和發粿、壽桃等神明專用吉祥供品，總不能祝福阿飄當鬼愈當愈旺吧？還是早日去投胎為宜。

❸好兄弟專用的供禮有：供桌前要擺一張板凳，上面放置裝水臉盆、毛巾，表示請其先梳洗；燒的紙錢多了一種「巾衣」，上面印有鞋帽、衣褲、梳妝用品等，這要先燒，表示請其梳洗完換裝，然後就可以乾淨舒爽地用餐了。也可以燒印有咒語的紙錢，表示為祂祈禱，也希望祂除了用餐外，也能得到佛法的供養。

❹不能拿家裡神明用的香爐來當拜好兄弟的香爐，否則就好像拿神明的碗給阿飄用一樣，老大會不高興。因為飄哥吃完就走了，不用給祂留一個碗（免得祂夜夜來要飯吃），所以都直接將香插在供品上即可，香頭向外，不要向內。

❺好兄弟一年才飽餐一頓，所以祭祀時間會長一點，一般可以點三次香。

❻可以祭拜生的乾糧，甚至整包的米、麵，好讓祂們能帶著上路。

❼祭拜時間為**下午三至五點**為宜，因為一般認知上，飄哥飄姊大白天不愛出來，但到了晚上換人不喜歡拜阿飄，於是午後到黃昏便是雙方都可以接受的時間。

❽祭拜好兄弟不用多話，也不用祈求什麼，祂都自身難保了，還能保佑別人？「請諸位朋友梳洗用餐。」這樣即可。

❾燒紙錢後儀式即將結束，收拾供品時，要將臉盆裡的水和酒杯裡的酒**潑灑在桌前地上**（非將酒灑在燃燒的紙錢上），表示儀式結束了，也有潔淨的意思。

❿講究禮數的人，早上還可以先在神桌上祭拜祖先，有三牲的家常菜即可，還要有飯。然後再拜地基主，也是買個便當或家常菜飯就可以，**拜地基主在廚房**，擺個小桌子，面朝外拜。

Point **德及孤魂，悲天憫鬼**

雖然七月祭拜的是無親無故的孤魂野鬼，但這表示漢人德及孤鬼的善心，其實還滿慈悲的，如果不想拜拜但想贊助這樣善良的活動，到廟裡捐獻也是可以的，現代人不用太拘泥，表達心意最重要。

清明祭祖，祖靈安在？

清明祭祖是漢族的大節日，除了跟祖先見面、整修祂們的「住所」外，親人更是趁機會碰頭敘舊，延續宗族情感，所以**慎終追遠**、**血濃於水**的意義甚大。不過很多人當然也有疑問，祖先過世那麼久了，靈魂還在嗎？不是應該去輪迴或投胎了嗎？清明祭祖，祖先真的有尚饗嗎？

人往生後何去何從？

人死後何去何從，東西方說法不一，但原則上，大多認為有類似「靈魂」之物的存在。

✹基督教和回教

基督教和回教教義認為，人只活一次，死後靈魂就依這輩子的善惡等待上帝或真主阿拉的審判，所以並無「輪迴」的觀念，也沒有人死後靈魂還在人間停留的概念，他們眼中的「鬼」是上帝或阿拉創造出來後卻變壞的天使，稱為魔鬼或精靈，跟漢人眼中人死後到處遊蕩的孤魂野鬼並不相同。因為認為人死後靈魂就等待審判，並沒有在人間停留，所以西方人是不祭祖的，但會有追思的儀式表達懷念。

雖然教義如此說，但人卻未必如此想，譬如「萬聖節」（民間節日，非基督教正式節日）就認為死亡的人靈魂會復生，各種妖怪也會出來活動，而坊間的鬼屋、鬧鬼也傳說紛紜，甚至連教廷、白宮都傳說鬧鬼。

佛教

東方有輪迴的概念，而且都認為人死後的主魂會去投胎。佛教認為人死後「最晚」（非定數）七七四十九天就必須去輪迴，還在人間停留的這段期間稱為「中陰身」，之後中陰身便會去輪迴。

至於「鬼」則是六道中的一道，人因為做了壞事會輪迴到不好的生物界，「鬼道」就是其中一道，而且是鬼母生鬼子，所以是有性生殖，就是一種低等惡劣的生物。出於這種想法，佛教對祖先做的是「超渡法會」，幫祂們唸經、懺悔、布施以累積功德，使祂們早日出離壞的生物界，**並不是供養**祂們。

道教

道教因為是泛神論，因此鬼界相對複雜精彩，林林總總不勝枚數，大致分成四種：

❶ **泛靈妖變**：各種動植物，乃至沒生命的山川、石頭、天地之氣、物品……，只要日曬月照，吸收天地精華，無不可以變成山妖水怪、魑魅魍魎等，稱為妖、精、魔等。

❷ **地獄眾生**：地獄眾生當然被視為鬼，七月鬼門開後滯留人間者亦有之。

❸ **執靈遊魂**：跟佛教最晚四十九天必定輪迴不一樣，道教認為有些亡魂因為怨氣或執著太重，所以無法輪迴，因而被束縛在某個特定時空成為「執靈」，或到處遊蕩成為「遊魂」，除非祂們

去掉執著，否則會持續不斷重複這樣的行為。執靈遊魂**不見得全是壞的**，譬如一直執著濟世或心繫子孫而未離去，也是一種執著的靈魂。

❹**殘留魂魄：**道教認為人有三魂七魄，此說與瑜伽的人有三脈七輪是雷同的，生時三脈七輪是人的「氣」（能量）流通、聚集的重要位置，死後這些氣（能量）因為特別重，不會立即消散，便化三魂七魄。道教認為，人死後三魂中的主魂去輪迴，一魂在埋屍地，一魂在神主牌。因為靈魂會依照生前的習性活動，所以會依戀身體，因此魂很自然會在埋屍地，但回家也是一種習性，因而一部分的能量就回到家裡幫祂供奉的神主牌內。七魄則在骨骸裡，隨著骨骸腐化，魄的能量漸弱，久了就消散了。現代人多火化，將骨灰罈置於塔位，家裡不置神主牌，這時兩魂與七魄就都在骨灰罈了。

漢人傳統上說的祭祖，原則上祭的就是道教所說，主魂以外的那兩魂和七魄，因為主魂已經去輪迴了，如果主魂沒有去投胎，而變成執靈或遊魂的話，其實並不是一件好事，反而給子孫帶來麻煩，此時以超渡為要！

魂魄是「靈體」嗎？

主魂之外的兩條魂，以及七條魄，算是「靈體」嗎？還是只有「生命現象」而已？簡單說，在科學的定義上，「生命現象」是一種有生滅、會成長的有機生化機制過程，有本能、反應或反射動作，卻沒有「意識」，細菌、植物，甚至是無腦動物便有生命現象。科學家稱的「生命」就是佛教稱的「眾生」，但要有「意識」（阿賴耶識）才是「有情眾生」，才是靈體，否則便是「無情眾生」，不是靈體，所以食用、破壞無情眾生並不算殺生。

但道教是泛神論，連石頭、桌子都被視為靈體了，何況兩魂、七魄？所以道教認為兩魂、七魄是靈體，甚至認為祂們可以各自分裂成不同的獨立個體，稱為「分靈」。這與佛教認為必須有阿賴耶識才稱得上是主體，而且不可分割看法不同。如以現代宗教觀點來說，主魂相當於阿賴耶識，是輪迴與承載福報業障的主體，其餘的兩魂七魄則只是**殘留的生命現象能量**，物體死亡後，它的功能不會瞬間完全消失，一定還會殘留一些訊息能量，隨著時間流逝這些殘留能量才逐漸消失殆盡。

譬如，人剛腦死時，體溫不會立即降到冰冷、肌肉不會立即僵硬，其他細胞也不會立即死亡，都還保留一些生命殘息能量，直到時間夠久了，這些殘息能量才完全消失——密宗堅決反對人死後八小時移動，民間也認為八小時內死者有可能復活，都是因為這時的生命殘息能量並未完全消失之故。

所以，兩魂跟七魄可以視為生命死亡後主魂的殘餘訊息能量，而且魂比魄更重要，魂仍保有一些生命特性，魄只有生化特性，因此魂會有一些類似人的活動，而魄則只是氣場的影響。但如果認為「一個人死後分靈成十個鬼」，就未免到處鬼影幢幢了。

兩魂因為不是主魂，所以沒有主體意識，只有生命現象，而且是殘魂，能量不強，因此存在期有限，一般人將魂想像得活靈活現，是將祂神仙化了。臺諺有云：「死人番。」說亡魂不講道理，意即六親不認，只依著生命現象行事，所以常給子孫帶來困擾。

除此之外，有幾個例子可以用來類比祂們的存在期的長短，俗諺中的「祖墳風水看三代」、「蔭屍張口吃三代」……，大多說明祖靈對子孫的影響力是三代，大約六十年一甲子，不過事實上，到後頭已經疲弱無力了。試想，如果人的兩魂七魄都不消散，現在地球豈不早就「靈滿為患」了？

以上所講的是殘留的魂魄能量，如果是沒有去投胎的執靈遊魂，那是有主魂、有意識的，有的能量較強，漸漸變成大鬼，能力愈來愈大，甚至成群結黨；有的能量較弱，便一直陷在執怨裡無法出離，一直重複生前在意的動作。

但不管是大鬼還是執靈，**生命都是有限的**，神仙壽命都有限了，何況鬼魂？佛教說，第一重天的天人壽命是五百歲，人類的壽命是一百歲，據此判斷，違反自然法則而存在的遊魂壽命應該遠低於一百歲，有些通靈人或乩童通到的靈體自稱已存活幾百甚至千年，還遊遍大江南北，結交各界神仙，鬼話連篇都相信（大鬼是說謊，小鬼則是連自己是誰都搞不清楚），可見人因為蒙昧和受小說電影的影響，有時比鬼還笨，也把遊魂給神仙化了。

道教說，鬼死後變成「聻」，組成粒子比鬼更小，如果聻再不去投胎，死後因為組成粒子實在太小了便魂飛魄散；佛教則不認為阿賴耶識會憑空消失，所以這時祂會因為沒有附體而被迫去輪迴了。

Point

魂魄非靈體，不須特別供養

綜合上論可知，殘留在人間的兩魂七魄能量並不高，而且會隨時間遞減，約在六十年後完全消失，如果有將墳墓（靈骨塔）修整好，讓魂魄有棲息之地，大約就沒事了。兩魂七魄並非孤魂野鬼，只是殘餘能量，並不需特別供養，漢人的祭祀只是擬人化的想像，用供養人的方式去緬懷祖先。試想，其他地區的人都沒在祭祖（但有緬懷儀式），祖靈豈不都變成餓鬼，吵得民不聊生了？清明祭祖最大的意義還是「慎終追遠」，這層意義才是必須重視的！

祖靈會來索求？

在臺灣的習俗裡有一種說法：若祖先或長輩去世後靈魂沒有得到安息，便會託夢給子孫，甚至以帶來衰運作為懲罰，逼迫子孫正視問題，譬如：墳墓沒有修整好、缺盤纏等。還有一種說法是，沒有結婚就過世的長輩，因為沒人祭祀、沒有傳香火，所以會「倒房」，就是讓有血緣的後代生病，以逼迫子孫將孩子過繼給他……，但這些說法可信嗎？

祖靈的躁動

前文提到，佛教跟道教都認為人死後的主魂（阿賴耶識）去投胎了，但道教認為還有殘餘的不完整生命訊息（兩魂七魄）暫時停留在人間，但隨著時間的消逝，殘留魂魄還是會消失。在殘靈消失前的這段期間，祖靈會來「拜訪」後代嗎？

因為祖先與子孫之間有血緣關係，所以氣場相近，而且就佛道教來說，會有血緣關係絕非偶然，必然還有其因果關係，因而很自然的，祖靈會優先親近子孫，尤其氣場、因果關係最近那些，或體質較易接觸鬼神的那些。

祖先的魂魄只是殘靈，並不像孤魂野鬼那樣有主魂（阿賴耶識），所以雖有生命現象但沒有主體性和意識（亦即為「無情眾生」），因而也不會像孤魂野鬼一樣到處「趴趴走」或跟人索求，只要將骨骸、神主牌（或塔位）處理好，祂們就會安靜地棲息。

但如果這些棲息地處理不好，讓祂們不能安靜棲息，祂們就會**躁動**，這時因為沒有意識的

「死人番」加上與後代的關係連結，祂們自然會靠近過來，但這只是祖靈單純因為躁動而造成的氣場干擾，並非有意識的騷擾或勒索（因為祂只有生命特質，並沒有意識），只是後來因為人們發現祖墳真的出問題了，而家裡也出了點事（誰家裡不會出問題？），便穿鑿附會，說成是祖先的刻意索求。

祖靈躁動的效果

祖靈沒有得到安息因而靠近子孫時，因為祖靈與子孫有關係連結，所以感受會比較強烈，會透過經常夢見、突有所感、看到徵兆而聯想等方式，意識到相關的問題。除了感應外，實際造成的影響力到底會有多大？

常有人說，祖先怎麼會害子孫？如果真有這樣的祖先，不拜也罷！本文一直強調，祖先的魂魄只是殘靈並沒有主魂（阿賴耶識），是無情眾生，躁動時，依生命現象的本能接近子孫是非常自然的事。那祂親近子孫後，造成的影響力終究有多大？因為祖靈躁動是凶兆，所以影響是有的，但一般來說，祖靈是殘靈，因此效力還不及孤魂野鬼那麼強，造成的效果並沒有民間繪聲繪影說傳的那麼嚴重。

然而，還是有些個別差異會影響造成的效果。殘魂沒有意識，是依照生前的意識和行為模式活動，如果這個人**生前的真正性情**是溫馴的，那殘留魂魄也較安分；如果這個人生前的真正性情是暴戾的，那殘留魂魄也較不安定。所謂「真正性情」是指這個人沒被意識控制或刻意偽裝時，那個完全自我的性格，這情形很類似有些人瘋了，不過有的溫馴，有的暴戾；有的喜歡笑，有的喜歡哭，這才是他們的真正性格。遇到溫馴的祖靈，影響力自然小，遇到暴戾的祖靈，影響力自然大。另外，就是**去世的時間久遠**，殘魂約六十年後消失，愈到後面影響力便愈弱。

如何因應祖靈躁動

祖靈躁動大多是棲息地不安寧，如果透過夢境或預感得到訊息，不妨探勘一下，如有損毀立即整修，或者可以「撿骨」放到靈骨塔供奉，但這主要還是出於**孝心**，因為把祖先後事處理好，本就是後代子孫的第一要事。只不過因為習俗傳說的關係，以及以前的道士誤把看到的殘魂當成鬼魂（有主靈、阿賴耶識），因而說得很可怕，把家道中落、親人生病、運勢不順，甚至不孕等都推給祖靈，其實殘靈沒有那麼強的能量啦！

但是有一種情形卻是需要比較在意的，那就是逗留的祖靈不是殘魂，而是沒有去投胎的祖靈，這時祂是整個靈魂，有阿賴耶識，是主體，也有意識，說明白一點——就是鬼啦！亡魂沒去投胎不外乎怨氣太重或執著很深，這對家道確實有很深的不良影響，祂可能隨著憎恨或執著的對象遷徙而隨他移動，成為背後靈，但也可能執著於某處（如家園）不肯離開而成為地縛靈。

該如何判斷是殘魂還是鬼魂呢？主要在異象是否為真，如果是殘魂，大多是夢或心神上的影響，如果是鬼魂，除了上述夢或心神的影響之外，大多還會產生比較**具體的異象**，尤其是在電器、小物件的異常上。

如果遇到「來訪」的祖靈是鬼魂，最好的方法便是超渡，可以在廟宇或佛寺舉辦超渡法會時報名參加。集體法會費用較便宜，也不會騷擾到鄰居。當然祖靈很少一次就肯放下執著去輪迴，但多參加幾次，效果會一次比一次明顯。

Point

慎終追遠，其無怪乎

祖靈索求是漢族特有的文化產物，這與泛神（靈）論當然息息相關，但是漢族認為的「靈」在佛教或其他宗教觀點而言，並不一定有意識、有主體性，也就是並非一個主體，而只是一種生命現象而已，功能有被誇大之虞。只要能「慎終追遠」——盡力將祖先後事料理好，並定期追懷祖先（全世界都有這種觀念，只是儀式不一樣）——應該就不會有怪力亂神的事層出不窮了。

所謂的超渡，即透過法會，祈請神佛之力救助亡魂。

超渡法會渡了誰？

「超渡」是東方國家常做的法事，包括：七月普渡、親人往生、祖靈沒有安息、家宅不寧、橫死冤魂安頓，乃至外面的孤魂野鬼騷擾，都會用到超渡。然而，超渡到底在做什麼？有用嗎？需要嗎？

超渡在做什麼？

超渡便是透過法會，祈請佛菩薩（佛教）或神明（道教）降臨，仰神佛之力，給予亡魂救助。法會中我們似乎只見到唸經、拜拜、一堆儀式，但其實主要是透過它們來：請神、供養；尚饗、求懺、赦罪；布施、迴向、帶領等，唸的經文和做的儀式不一樣，自然有不同的功能。

「請神」在恭請護法神明清淨四周、維護秩序、帶來亡魂，並請主神降臨主持法會。「供養」則是答謝神恩及慰勞兵將，供佛（神）被認為有很大的功德，因為這除了是信仰虔誠的表現外，也讓神佛有更大的能力再去幫助他人。

「尚饗」在請亡魂先淨身、用餐，滅除飢餓與困頓，以便進行後續的儀式。「求懺」在讓亡靈聆聽教誨、發願改過，並知曉如何改過遷善。「赦罪」是當亡靈生了懺悔心、重生心，執恨減輕了，痛苦和罪刑也會減輕，這時神佛也較易幫助祂！

至於「布施」，則是施於附近的孤魂野鬼食物和教法，解除祂們的飢渴和茫然，這自然也是很大的功德。

「迴向」則是將以上的功德都轉給三界眾生，讓無德的祂們可以因為獲得福德而有解脫的機會；如果功德自己留起來只會轉成人世福分，對解脫沒有幫助，宗教強調得到極樂（解脫），不執著人世福分，所以迴向福分為功德。

「帶領」則是與會的亡靈在接受了上述的種種教化後，執恨、罪刑都減輕了，並願意跟隨神佛指引，那神佛便可以帶領祂脫離原先的苦海而轉往輪迴，這也是最圓滿的結局了！

超渡有用嗎？

幫他人（亡魂）超渡有用嗎？各宗教和不同時期說法不一。佛教早期比較偏向「自業自渡」，認為要自己修行求解脫，別人幫你求是沒用的；後來的《地藏經》則認為，活人幫亡魂超渡，活人得功德的六分，亡魂得功德的一分。

但因為基督教認為：「信我（上帝）者得永生。」「上帝赦免我們一切的罪。」上帝可以賜予完全的赦免，所以後來佛教和道教也都認為，仰神佛的無窮威力，能讓亡靈得到完全解脫，而這也是超渡法會一直盛行的原因。

但就理性層面來說，**神要渡人，也要人願意被渡**，才會有用，否則普天之下，豈不沒有冤魂野鬼了？這就好像幫犯人辨告解會，有效或無效還是端視當事人的心態。佛教《阿含經》認為超渡就如同有人溺水，我們扔木板給他，至於游不游上來，關鍵還是在他！不過原則上我們相信，頑石雖不會立即點頭，但滴水卻能成穿，多種善緣，還是有得善果的一天。

超渡是否有效除了亡魂本身的態度外，**主事法師**也是一大關鍵！我們一定要知道，能救渡人的是神，不是道士，道士只是祈請神明來救渡，那些吹噓能調度兵將、為人解厄的都是江湖術士，試問他們何德何能調遣天兵天將？有什麼能力赦免人的罪過？

神明慈悲，透過正善有修行的師父、道士正式的儀式祈請，就會來主事，猶如人民有事向政府單位提出援助申請，他們也會派人來協助一樣。但若遇到神棍，本身心術不正，養鬼畜妖，胡亂擺弄，招來一堆鬼怪，就反而害事了！因此，辦超渡必定要請正廟、正寺的合格道士、師父，切莫到小廟、乩壇亂請一通。

祖先如何渡脫

一般人受傳統道教或民間習俗的影響，因而認為死後的世界有牛頭馬面、黑白無常、城隍廟有個大算盤計算人的善惡……，但基督徒看到的就是天使，佛教徒看到的就是菩薩，各教皆不相同。可見，生存的環境、文化和宗教認知，會影響人對死後世界樣貌的看法，而這個看法都是人類以該族群特有的背景發展出來的擬人化和神格化具體影像，造成人生前或死後將抽象的冥界看成他認知中的那個樣子。

宇宙之間當然有一股無可抗拒的力量維持著天地的秩序和運轉，這股力量可以是自然的，不必然需靠神或人去運作，而且自然的力量遠比神或人的力量更不可抗拒！譬如，一個亡靈之所以成為遊魂，不必然是因為祂逃過了死神的追捕，而是因為祂執恨過重，自然無法順利離開人間；又如，亡靈之所以可以解脫了，不必然是神明的救助，而是祂心中的執恨已經減輕到可以輪迴了。這就是佛教說的「識」和「心」才是決定一切的原因！

同樣的，如果祖靈或亡魂會獲得解脫，神佛做的是講理、勸誡、善誘，亡靈若聽進去了，執恨減輕、去掉束縛，神佛便可帶領祂去輪迴。人跟亡靈因為構造不同，而且亡靈的靈性低，不太講道理，所以**無法有效溝通**，這時就必須請靈性高的神來幫我們溝通、帶領，這就是超渡的意義。佛道教的超渡跟基督教對亡者的追思、祈禱道理相似，但基督教是一神論不是泛神論，因而儀式簡單、清靜，這點很值得學習。

Point **常種善緣不擾民**

由上可知，超渡還是有功用的，但非一蹴可幾，多種幾次善緣，善果自然會慢慢呈現。要注意在文明時代，以清靜不擾民為原則，在廟宇有辦法會時去報名參加，最為簡單、方便、便宜，不用大張旗鼓，如果能參與法會蒙薰法香，對自己也是有益的。

人間鬼魂數目不多，且有自己的棲息地，只有小部分跟人混處。

拜拜、唸經會引來阿飄？

有些東方信仰的人認為，廟宇附近常常有「阿飄」徘徊撿食香火，若經常到廟裡拜拜反而容易卡陰；此外，也有人說，唸經也會引來阿飄「旁聽」，這樣反而對自己不利。以上真的是這樣嗎？

天底下並非鬼影幢幢

要理解這些問題，首先須先釐清一些關於「鬼魂」的問題。事實上，天底下並不是想像中的那樣人鬼雜處，到處鬼影幢幢，就佛教理論來說，鬼是六道中的一道，祂們在地球上有自己的棲地與族群，只有一小部分跟人混處。有些人認為，我們這個世界是空間重疊的，所以鬼跟我們同處在一個地方，只是在不同的次元，這個理論在科學上說不通，既然不同次元，自然不會互相干擾，在佛教上也說不通，因為佛教認為祂跟我們同處在同一個地球。

而就道教理論來說，鬼是沒去投胎的主魂，因此那是體制外的、例外的，數目自然也不多，譬如南京大屠殺了三十萬人，如果這些冤魂都沒去投胎，現在豈不成為夜夜聞鬼嚎的現代鬼城？但事實證明，南京是漢族極現代化的都市。所以就佛、道教來看，人間鬼魂就如人間流浪漢一樣，是異常，不是常態，所以**數目不多**。而就西方基督教來說，他們既不認定佛教的鬼道，也不認定道教的未投胎主魂，他們眼中的鬼是「魔鬼」，也就是變壞的天使。

但無論如何，阿飄並非如電影或傳奇裡表現的那樣，為數眾多且到處流竄、出沒、搗亂，此外，我們還受到很多傳說的影響而對阿飄充滿誤解。譬如，鬼一聽到雞鳴便會荒亂而逃，在白天不能出沒，照到太陽便會魂飛魄散？答案是否定的。

漢族習慣在農曆七月普渡，而且普渡時間要在日落之前，因為他們認為白天陽氣旺，才能抵擋群聚而來的阿飄作怪。既然阿飄能在熾熱的七月、白天普渡時前來吃食，可見**阿飄並不怕在白天出現**，也可見祂們並不怕曬太陽；而怕雞鳴也是人類認為「雞鳴」等於「日出」，進而等於「阿飄消失」的錯誤連結。佛教也是一樣，他們經常在白天辦理大眾法會並布施孤魂野鬼，鬼魂一樣來吃食，佛經也經常記載遇到鬼道的事跡，而且很多是在白天發生。

那為何人類會覺得阿飄晚上比較多？人類習慣在白天活動，那時人聲鼎沸自然容易掩蓋阿飄出沒的行蹤，到了晚上夜闌人靜，就容易被察覺，便覺得晚上阿飄出沒比較多了。所以，我們只能說，人類適合在白天活動，阿飄適合在晚上活動，但人類並非在晚上就不能活動，所以阿飄也不是就不能在白天活動。

既然阿飄出現的機率不是很頻繁，那也不用隨時疑神疑鬼是不是被跟，如果信仰信到疑神疑鬼，不如抱持無神論來得自在！

廟宇比較容易碰到阿飄？

那到正廟會比較容易在附近遇到阿飄嗎？答案很簡單，遊民會喜歡在警察局附近徘徊嗎？當然不會，那不是自找麻煩嗎？可以撿食的地方多的是，何必自投羅網？同樣的，阿飄也不會喜歡在正廟附近徘徊。不過，如果不是正廟而是陰廟或乩壇就剛好相反了，陰廟、乩壇是一群阿飄聚集交換人間香火的地方，自然就極易在裡面或附近碰到或卡到阿飄，所以**選對正廟拜對神**不得不慎！

唸經會引來阿飄？

很多人認為晚上唸經會招惹阿飄來聽，是否如此？「晚上」這個時間點是一個誤解，上面已經解釋過，那唸經會不會招惹阿飄來聽？答案是，一般人恐怕沒有這個能力呢！

「經」是神佛的訓勉或赦免，唸經就是宣說神明的意旨來自勵，這讓一些人認為，唸經時一些有心向善的阿飄會來聆聽，以期得到啟示和救贖。這個可能性雖然有但是很低，因為阿飄如果有心，佛寺每天都有早晚課、正廟初一十五也有誦經，大可去聆聽並接受指導，不用來聽一個凡人唸經。而且，除非有特殊能力的人或者是有修為的人，否則人和鬼是無法直接有效溝通的，因此法師、高僧唸經才能有效讓阿飄聽到，一般人唸經阿飄很難接收。

如果還是有顧忌，那就要**唸整套經**，不要只唸經文，整套經包括：爐香讚（等同獻香）、淨業真言、請神咒語……，這就是請天神護持、菩薩降臨、清淨周邊等，可以確保唸經時有天神護持，那就是安全的，不用疑神疑鬼。而最後還有迴向文、收經文等，就是送神、結束，要做就做整套。

也有人疑惑說，在災難現場唸「阿彌陀佛」是保護自己，還是招來現場冤靈跟隨？就宗教理論來說，人往生時會有使者來接引，所以也不會因為有人唸一句「阿彌陀佛」亡靈就不跟隨使者，反而來跟你了！

Point

信佛拜神，貴在自在無礙

筆者常說，信佛拜神原本是要讓人清淨、得平安，如果搞到疑神疑鬼、心神不寧，那不如不拜。這是真心話，因為心生疑懼發出壞的波，反而招來惡靈！虔誠且充滿慈悲，發出正善的波，自然就吸引善的靈，一切自在無礙，自然萬事安泰！

一定要拜拜嗎？

拜拜是一種向神明告知、請求的儀式，跟基督教的向上帝祈禱、佛教的向佛菩薩唸經、瑜伽修行者的向天地冥想意義相似，只是因為宗教信仰不同，而有不同的神靈化現與行禮方式而已，不必爭執誰才是對的，各有法門巧妙，相互尊重才是正道。

道教的拜拜給人感覺禮數較多，有時使人拘泥形式而妨害了本意（我這樣拜對嗎？神明會生氣嗎？）；佛教強調心與識的重要性，較不重形式，因而也較清靜；基督教則融入生活，呈現宗教生活化。配合時代演進，在宗教改革上，強調心意而非形式的清靜與生活化是必要的，譬如，安靜時，拿起經書，虔誠無拘地唸誦、禱告，神明一樣能接收到，這樣不是很文明、很清淨、很生活化嗎？何必弄得繁繁雜雜、牽腸掛肚，反而妨害心意的行使？

很多人一定會問，有拜就有保佑，沒拜是不是就沒保佑？如果神明這麼現實，怎麼當「黎民保母」？這可以分成兩方面來說，一是自我提示，二是神祕力量。

自我提示的方式與力量

就自我提示來說，拜拜、禱告、唸經、冥想，甚至寫筆記自我勉勵，產生的功效是類似的，但透過宗教儀式，確實**較容易**令人產生慎重嚴肅的情境，如果能經常給自己一個很正式、莊重、明確、有力的精神指令，並不必然一定要透過拜拜——當然囉，這必須有一定的自覺和自律功力。

自我提示的力量有多大？這關鍵在於人們如何自我指示，而這也是風靡一時的暢銷書《祕密》的精華——雖然這根本不是什麼祕密。自我指示應該「**正面且肯定**」，而非「假設與否定」，比如，我們會說：「希望神明保佑金榜題名。」改成「感謝神明保佑金榜題名。」則更正面肯定。當然，也不要說：「如果這次落榜我會很慘，所以希望神明保佑。」而應該說：「我發憤立志金榜題名充實學能，服務更多人。」

正面或負面、肯定或否定的自我指示態度（非只嘴巴說說）產生的生理變化研究很多，於此不再贅述。總之，強烈的正向積極自我指示，會讓自體產生更多生、心理力量，進而更容易達成設定的目標。《華嚴經》甚至有言：「初發願時即成正等正覺。」亦即**一個人的願力已經決定結果**了，可見自我指示的重要性！

神祕力量的連結與發揮

拜拜等方式既然是跟神祕境界聯繫的儀式，那就必須承認神祕境界是存在的，而且必須釐清是跟何種神祕境界聯繫？而這時祈禱（觀想）的對象就決定你是跟誰聯繫了，而這其實也是各教爭執所在，但其實只要是正善正道，各教各道並不相害，怕的是連上邪魔歪道，所以不要輕信並嘗試怪力亂神之說，以免引鬼上身。

一般來說，祈禱的對象可分成有形相的跟無形相的。有形相的如上帝、佛、菩薩、道教的神明等，如果祈禱者信奉正教並心存正念，這時靈界的正式組織就會有相關的靈來相應，因為來者是正式組織的靈，所以是正善的。但如果祈禱者信奉邪教思慮不正，這時靈界的非正式組織就會有相關的靈來相應，因為來者是非正式組織的靈，所以祂們不確定是正善的。

上帝、佛、菩薩、神明等，都是人類自己刻劃出來的崇拜偶像，不管正善或非善的靈體，都只是依照人類腦海中的神明印象來化現相應，因此不要以為「看」到「神」就是得道了，那都是幻相；然而邪教的人反而往往樂此不疲，步步陷入鬼道和自我妄想的情境裡！

先賢有人參破這個道理，所以觀想的對象是無形相的，如禪宗的無相拜佛、道家信奉自然，只是單純的**觀息**（觀察呼吸並使它保持在平靜的狀態）和**觀心**（觀察發現自己的雜念進而消滅它），其餘不做他想。讓意識保持在最平靜無雜的狀態，這時的感應反而是最敏銳真實的，發揮到極致時，連結的便是整個宇宙的波動！（禪宗認為，心中雜念尚未完全消除時，腦海中會浮現很多景象，有的虛，有的實，但不管虛實都不應理會它，正所謂「見魔殺魔，見佛殺佛」，縱使到了功力進步能連結宇宙波動而有神通時，也不應耽溺於此，應該繼續保持心念的極度平靜與無雜，如此便突破所有妄相，領悟究竟境界。）

拜拜當然都是有形相的觀想，連結到的也是靈界的訊息，但大家不要以為靈界會對人間事務多所干涉，賜予人無窮的力量因而改變既成或將成的事實，因為就整體來講，這樣會破壞人間生態的平衡，也會干涉人類自我進化的步驟；就個體來講，神明不能改變因果和天命，也不能因為幫助某個祈求的人，而對沒有祈求的人失去公允。

譬如一位智者，你有求於他，他會「教導」你看清問題的癥結、尋找解決的方法、激勵你勇往直前，甚至指點你改變處世的心理，但因你的積極求詢，所以在有適當機會而不妨害他人時，他會推薦給你，也會順手推你一把，但「動手」去做的終究還是你自己，他不會，也不能幫你把整個問題扛下來，否則就等於是在害你！神祕力量的發揮也是如此，**自助而後天助**，祂是助緣，不是問題扛起者。

Point

正善拜拜，尋求善緣

拜拜不是改善事情唯一的方法，但是一個不錯的善緣，所謂「抬頭三尺有神明」，心誠則靈，因此並不需拘泥科儀，正向良善的態度更形重要，清淨反而更能感應天地而非侷限某個靈界。自助天助更能幫助自己成長而非養成依賴性，立志做個有用的人，天地為證！

第三篇

神明由來與籤詩判讀

神是人類創造出來的!?

要整理歸納漢民族的神祇，不是一件容易的事，因為漢民族神祇信仰是一個很龐雜的系統，至少包含儒、道、佛三教、外教和民間自行發展的自然、信仰、神話、傳說、野鬼。而且，代表漢民族本土宗教的道教，並不如其他諸教一樣，一開始就有明確的教主、教義、神祇、經典、廟宇和科儀，它是**慢慢發展**，最後才被整合的，所以它的神祇不只龐雜，甚至有時還相互衝突、疊床架屋，很多的來源也不明確，在此只能以現今臺灣最為大家肯定與熟悉的神祇來說明。

「道」的神祇起源與架構

漢民族神祇混雜，本章將以漢民族傳統「**道**」的觀念說明自然神祇崇拜的產生與架構，使它單純化，並回歸漢民族的「道」統。自然道統上，神祇的重要組織大樣如下表，並說明如下。

漢民族至高的信仰是玄之又玄、無法言語說明的「道」，在「道」的法理下，有個「無極」，它屬於形上界，人類無法理解它，所以不予討論，「無極」而「太極」，這個形下的世界於是正式展開。

✷形下世界的正式展開

據《道藏》所言，把無極化為太極的是「元始天王」，從虛無飄渺漸漸轉為妙有，共經三個層次，也因此太初有三個境界，稱為三清（玉清、上清、太清），而元始天尊、靈寶天尊、道

和其他宗教不同，漢民族神祇信仰是慢慢發展、整合而形成的。

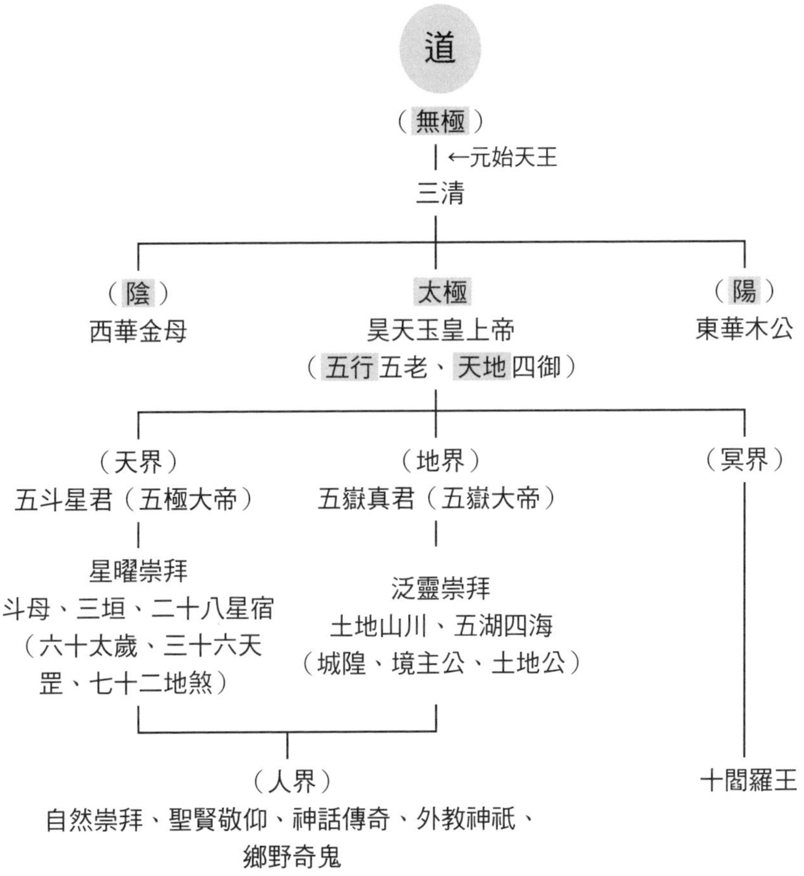

德天尊（即老子「太上老君」）便是「三清道祖」，也分別是三清殿（境界）的主人。祂們都是元始天王所化，擁有開天闢地的能力，但居於三清太初境界**不擔任任何世俗職務**。

三清既明，太極生現，神格化便是「世界」地位最為至高的神（不含太初以上境界）——昊天金闕至尊上帝（昊天上帝），亦即玉皇大帝。太極既生，陰陽分野，原始陽氣便是東華木公（東華帝君），原始陰氣便是西華金母（瑤池金母）。陰陽既成，旋又生五行，稱為「五方五老（帝）」。本段所言神祇雖已經是形下的神格化神祇，卻都是元始天王所親化（只是先後程序不同），所以都是「先天之氣」。

太極、陰陽、五行「先天之氣」既成，三清道祖之下便有「四御」（又稱「四相」），洞開天地，這是「先天之體」，分別是玉皇大帝、中天紫微北極大帝（紫微大帝）、勾陳上宮天皇大帝（勾陳大帝）、天效法厚德光大后土皇地（后土皇地）。玉皇大帝是昊天上帝的神體，也是諸神之神；紫微大帝是北極星的神體；勾陳大帝象徵整個北極，此三者是「天」的體；后地皇土則是「地」的體，祂原本被視為乾象，武哲天皇後被視為坤象，後又變成民間「地母」的信仰，相對於「天公」。

「氣」雖然賦流形，在上便是天空和星曜，在下便是山川和自然萬物。在「天體」方面，原始五行之氣「五方五老（帝）」演變成「五斗星君」信仰，其中以北斗賜死為主，南斗賜生為次，後來在民間的信仰需求下，又有「五極大帝」的帝級信仰，可見〈天文、星君崇拜與星命學〉二五二頁。同時，古代天文學將天空分成三垣二十八宿，這些也都陸續神格化為天上的星君。而在民間也認為，所有的星曜應該都是一「斗母」所生，並有六十位太歲每年輪值當值令官。在天人合一的觀念下，這些都形成後來的信仰甚至祿命之術。

而在「地體」方面，原始五行之氣在地上便是「五嶽真君」，並以東嶽為主，下有山林、川澤、河海、陸生生物等。同樣的，因應人類和社稷產生後的信仰需要，後來五嶽「真君」在明朝時全部敕封為五嶽「大帝」。

萬物的產生

有山嶽就有江河，「四水」：江、河、淮、濟，並納成五湖四海，以及各種水中生物，因為河川發源於山嶽，所以也是由五嶽管理，以上土地山水之神都是**自然崇拜**之神。另外城隍、境主公、土地公等土地神（地基主為原先居住在該地的前靈，不屬正神），乃是因為**人類產生後才需要的保護神**，原則上，是由天界指派人間聖賢的神靈擔任某一區域的「信仰主管」，期滿後福德享盡則換人擔任。不過後來因為民間的土地神祇廟宇愈來愈多，譬如一個縣市有兩座以上的城隍廟，或一個里有兩間以上的福德祠，才演變成一個行政區由多位土地神祇分別管理的情況。

泛靈崇拜則是萬物、萬事都有其神靈，物神如火神、水神、灶神……，乃至廁神，事神如福神、祿神、壽神……，乃至衰神。

人類產生之後，天上似乎變得比較忙碌，還需要更多的神來辦理人間事物，等級高的如三官大帝（天官、地官、水官，民間俗稱「三界公」），分別隸屬三清殿，掌管構成世界的天、地、水三大元素，並分別掌管人間的賜福、赦罪、解厄事宜。而在玉皇大帝的天庭裡設有六部（雷部、火部、瘟部、斗部、太歲部、隨斗部），相應人間諸多「行政事務」。

冥府閻羅王當然也是人類產生後才需要的神祇機構，原則上，也是由天界編制，雖然十殿閻羅王都有其封號，但民間有時卻認為只是代號，還是指派人間聖人神靈擔任，期滿後福德享盡則換人擔任，譬如就有現在的十殿閻羅乃由包拯擔任的說法。

第一位神祇昊天上帝，在言及開天的理氣時稱以「昊天上帝」（氣），在言及世界神格時稱「玉皇大帝」（體），祂也是後來四御和五極的玉皇大帝，可見「氣」和「體」之間有不可分割的密切性，以及人類上窮理氣之理的殷切。而且所有神祇中**只有**玉皇大帝能稱為天帝、上帝，其餘最高只能稱到大帝、帝君，也可見人類對祂的尊崇。

特別值得一提的神祇是玄天上帝，其原名「玄武文帝」，「玄武」是天空四象中的北方聖獸（龜與蛇），因為漢民族歷來居於北半球，而且北方經常戰禍不斷，所以玄武上帝的崇拜便不斷被提升，於明朝時被皇帝敕封「玄天上帝」，是除了昊天上帝外稱為上帝的神祇。後因諱帝名，改玄武為「真武」，故又稱「真武大帝」，民間俗稱「上帝爺」、「帝爺公」，不可與「天公」玉皇大帝混淆。

另外，民間有俗稱地母為無極地母，也有俗稱西方瑤池金母為無極西方瑤池金母，這是一些民間鸞門「因神設教」在此加上「無極」二字表達超越所有的神，唯我獨尊之意，但與理法不合。另外地母俗稱地母娘娘、瑤池金母俗稱金母娘娘、天上聖母俗稱媽祖娘娘，稱為「娘娘」原則上也是不妥的，因為「母」是天后級的，「娘娘」是天妃級的，等級有別。亦有些傳奇說瑤池金母是玉皇大帝的皇后，當然也是不對的。

人界諸神

自然崇拜之神祇架構其實還算清楚，令神祇架構混淆不清的是因為人類**為了信仰的需求**而產生大量的神祇，這些神祇都有祂們特殊的功能及崇拜的族群，這些神的來源為：聖賢敬仰、外教神祇、神話傳奇、鄉野奇鬼；而祂們的功能則有祈求國泰民安、文書科考、福祿壽子財、伏魔降邪、舟車平安、避煞除瘟、醫藥延壽、老弱婦孺平安、婚姻感情、法律正義、百業祖師、各種藝巧等。

人類除了產生、吸收大量各種功能的神靈，而且還令這些神的地位不斷提升，以致產生了許多效應，比方說：地位直追自然帝君（如關聖帝君）、取代原本自然界的神祇（如梓潼帝君取代文昌星君）、多人並列（如火神說法即有炎帝、祝融、重黎、回祿、吳回……多種）、成為新的功能權力者（如媽祖天后掌管海航安全）、成為體制外的權力者（各類佛祖與菩薩）、混淆不清（如盤古一說即為元始天王、女媧一說即為九天玄女）、相互含射（如斗母與大梵天王的四面佛）……等等。

此外，由人而成為神祇，並且直追自然帝君的亦多有之，人成為神如果依照地位高低可以分類如下：

帝后級

如關聖帝君、保生大帝、媽祖天后、文昌（梓潼）帝君、孚佑帝君（呂洞賓）、神農大帝等真實存在的聖人，這些神祇的地位已被追謚到僅次於玉皇大帝，可與自然界帝君相等的地位。這樣的精神其實是對的，因為提升聖人的地位絕對有利施行教化，而且也闡明人類可以透過修為與努力而達到天地合一的最高境界。

能夠以人界之神而成為神祇帝君的，祂們在人世時的貢獻即非常卓著，乃至成神後還一再顯聖救助國家或人類的苦難，所以屢被追謚，終於成為天上帝君（當然，其中也有很大的政治因素在內）。

有人說，這些神都是人封的，不足為信，事實上，全世界所有宗教裡的神**都是人類創造出來的**，無一例外，非唯道教如此，人類因信仰需要而造神，乃是普世現象，但重要的是對神祇信仰產生的「共識」與「共業」效應（見「正教與正神」處二三二頁）。

神級

神便是有修練、有功蹟，並被朝廷敕封、宗教界肯定或是天庭封予神職官階者。要強調的是，這裡指的修練不一定指道術或佛家的修練，漢民族認為人在紅塵裡的歷劫與完成，也是一種修練，甚至更甚於宗教修練，這從帝后級神祇，如關公、媽祖都具有普世貢獻而非修練便可證明。一般「男神」有：真人、真君、祖師、天師、先師、聖王、尊王、元帥、將軍、國王、公、侯、爺、仙翁；「女神」有聖母、老母、娘娘、妃、太君、夫人、仙姑、聖姑、女真等。至於「天尊」等同於佛之至高，且有超凡入理之意，只有三清道祖能用，地位更甚於天帝，除了關聖帝君為明神宗諡為「神威遠震天尊」外，其他使用者為民間誤用。

神的主靈在天上擔任神職，**人間祭祀的是祂們的分靈**，分靈是由有聖德修練的神靈擔任。當然，許多他教神祇（如佛與菩薩），以及從神話、傳奇虛構出來的「神」（如《山海經》、《封神榜》諸神）在此也大量出現，因為民間信仰根深蒂固，而且其精神也符合上述的成神條件，所以也被承認為正神。

仙級

仙是指有修練，能擺脫人身束縛，而以神識不受世俗約束活動，且受天庭承認者（仙之受有職務「官階」者為神），依修練程度可分為：鬼仙（介於仙與精之間，仍繼續修練者）、人仙（以人身成仙者）、地仙（於某處接受香火）、天仙（於天上生活）、金仙（已超氣入理，進入無極境界）。

一般而言，除了大羅金仙，成仙並非就是不再墮入輪迴的保證，需視修行能力而定，在心志不定時還是會再墜入輪迴。地仙以上有職務者可稱為神，但福報若滿除非仍繼續精進，否則還是要回歸輪迴，修練到超氣入理進入無極才能稱為大羅金仙。

在道教裡，成仙的方法分為修命與修性二途，古代的人期待透過煉藥（外丹）、練氣（內丹）、長生術等方法而成仙，但有一個皮囊其實終究無法究竟解脫，因此修性是較徹底的方法，而且在現代也是主流。

✷鬼級

漢民族對「鬼」的定義和佛教不同，佛教的「鬼」為六道之一，是眾生中的一種，因此民間有受佛教影響，而謂漢民族神仙是大鬼之說，這是絕對錯誤的。神、仙有自然的，有人修練成的，定義已如上述。漢民族的鬼可分為：靈魂、野鬼、妖精、魔。

所謂的「靈魂」就是人（有意識的動物皆然）往生後的神識（魂魄），正常而言，最晚四十九天之後，就會完全離開人間，這段期間靈魂在陽間被看見，活人便會視為「見鬼」。「野鬼」便是靈魂該往地獄受審，並轉往六道輪迴，但有些死魂脫離這些常規，成為孤魂野鬼，在人間遊蕩，以民間傳說言，會造成這種情況有幾種：死魂怨念或執著太重，刻意逃脫或無法抽離；枉死、陰錯陽差，沒被鬼差接回。

妖精在漢民族傳奇裡有很多種，日月精華孕育生物，陰晦之氣便凝結成妖（如魑魅魍魎），或生物受陰晦之氣影響變為怪（如動物靈、植物靈、物靈），漢民族傳奇也認為，動物跟人一樣也會修練成精，如狐仙；孤魂如與陰晦之氣結合，怪力亂神之氣便會益增。而魔則是上述的孤魂、妖精在經過不斷的化育、成長後，變成大能量者，可以與仙或神對抗。

仙與鬼的不同如下表，千萬不可任意混淆。

	隸屬	自由	輪迴	能量	未來
仙	接受神祇體制管制	有意識行動自由	修行夠者可以不再輪迴	天仙以上不需人間能量	繼續精進或者擔任神職
鬼	逃脫神祇體制管制	無行動自由，否則會受到損傷	需再輪迴，只是祂們逃避輪迴	需要人間能量	消散或成為魔族

但鬼也不見得全是壞的，有些孤魂、妖精被人們建廟祭拜成了善鬼，可以與人類和平相處並互蒙其利，如：大眾爺、義民爺、有應公、萬善祠、姑娘廟……，還有各種動物靈、植物靈、物靈，一般稱為「陰廟」。賭徒、投機客、特種行業最喜與孤魂野鬼交易，但這並非正統道教所樂見，還是應該循天地輪迴之理修練為適當。

非道教諸神

漢民族的非道教神祇以**佛教**與**儒教**為大宗，另外還有鸞門，如恩主公、玄靈高上帝，以及自創格局的一貫道、無極系統，他們有自己的信仰體系與科儀架構，自成一個信仰叢。

✹佛教

原始佛教大量吸納了印度神話和宗教經典奧義書、吠陀經的神祇，此後很少再吸納外教神祇，但道教卻完全吸納外教的所有神祇，這當然肇因於道教的泛靈崇拜，也因此造成漢民族的佛道不分，譬如臺灣名剎萬華龍山寺、清水紫雲巖等，名稱為佛教的寺名，供奉的是觀世音的佛教形象金身，但其建築格式與科儀卻是完全的道教。在漢民族常見的佛教神祇介紹如下，先談地位最高的「佛」。

- **釋迦牟尼佛**：配以迦葉、阿難，祂們分別是佛教前三代教主。迦葉、阿難都是釋迦的弟子，分別以苦行與多聞第一著稱，也象徵佛道追求上的修行與學習。
- **橫三世佛**：東方藥師佛、釋迦牟尼佛、西方阿彌佛陀，民間俗稱「三寶佛」。人往生後，先由藥師佛如來為其解脫病痛，接著由釋迦牟尼佛為其說法解惑，然後由阿彌陀佛接往極樂世界，一般常見三尊佛或告別式三尊佛即為此。
- **豎三世佛**：燃燈佛、釋迦牟尼佛、彌勒佛。燃燈佛是釋迦牟尼佛的受記佛，算是「師父」，是上一任佛祖；這一世的佛祖是釋迦牟尼佛；釋迦牟尼佛滅度之後，祂受記彌勒佛降生為下一任佛祖。
- **五方佛**：密宗與漢民族的五行、五方學說配合，產生五方佛。東方阿閦佛、南方寶生佛、中方毗盧遮那佛（釋迦牟尼佛法身）、西方無量壽佛（阿彌陀佛）、北方不空成就佛。

此外，**佛乘觀念**產生後，愈來愈多佛產生，有八十八洪名佛、千名佛、萬名佛、十方世界無數諸佛，都可用來求懺、消災、解厄。

有佛就有搭配的菩薩，成為某個守護組合：

- **西方三聖**：阿彌陀佛、觀世音菩薩、大勢至菩薩。阿彌陀佛是西方極樂世界教主，兩位菩薩以大慈悲與大力量協助阿彌陀佛守護西方淨土，一般淨土法像或告別式法像，一佛二菩薩的就是祂們。
- **東方三聖**：藥師佛、日光徧照菩薩、月光徧照菩薩。藥師佛的淨土位於東方琉璃世界，祂還能保佑現世的人消災解厄，因而與阿彌陀佛純以脫離濁世略有不同，而兩位菩薩則以大光明守護東方世界。
- **華嚴三聖**：毗盧遮那佛（釋迦牟尼佛法身）、文殊菩薩、普賢菩薩。毗盧遮那佛是佛最高的法身，祂的境界是法界最高的境界，兩位菩薩分別以大智慧與大願行協助毗盧遮那佛顯揚佛教的最高法界——華藏海世界。
- **娑婆三聖**：釋迦牟尼佛、觀音菩薩、地藏菩薩。因為祂們是最為大家所熟識、親近的佛菩薩。

菩薩雖然不及佛的成就，但卻與人們更為接近，因而更有親密的情感，佛教共有「悲、智、願、行、成」五大菩薩。

- **觀世音**：佛教「悲」的典範，觀世音在漢民族是信仰度最高的菩薩，配以善財童子與龍女。觀世音不只守護西方極樂世界，在現世裡也聞聲救苦，是現世與往生的守護神，而且有各種不同化身。相傳觀世音已經成佛，但為了救渡眾生才「倒駕慈航」委為菩薩，以方便救助眾生。

- **文殊菩薩**：佛教「智」的典範，文殊菩薩號稱諸佛之師，諸神之首，智慧無有能及，因為漢民族科考的因素，文殊菩薩被廣泛供奉。相傳文殊菩薩已經成佛，但為了救渡眾生才「倒駕慈航」委為菩薩，以方便救助眾生。
- **地藏菩薩**：佛教「願」的典範，地獄不空誓不成佛，民間將祂視為「幽冥教主」，與地獄主管劃上等號，帶有敬畏與神祕的成分，其實這未盡正確，地藏菩薩是為渡盡眾生，所以才入地獄救助最冥頑的地獄眾生，並誓不成佛。釋迦牟尼滅度後，祂代行佛祖職務，也是老人和孩童的守護神。
- **普賢菩薩**：佛教「行」的典範，被稱為「十大願王」，佛教最圓滿、最深妙的經典《華嚴經》便是透過普賢菩薩的三昧傳達出來的，〈菩賢菩薩行願品〉同時也被視為《華嚴經》最精華的部分，祂的深妙可見一斑！
- **彌勒菩薩**：佛教「成」的典範，是釋迦滅度後下一任佛祖，現在於兜率天修行，將來會降世渡化近三百億人，人間也將因而成為一個淨土，一貫道因而經常以祂為信仰號召。漢民族一般以布袋和尚來裝塑祂的形象，與事實略有出入，但也無妨，心誠則靈。

有佛、菩薩，當然也要有護法的天神，才能免於魔界干擾聖界，所以祂們也都功不可沒。

宗教祭堂能被稱為「殿」的，都是帝王級神祇的處所。

- **四大天王**：南方增長天王、東方持國天王、北方多聞天王、西方廣目天王，率領四天三十二軍護守佛法，在人間也分別掌管風、調、雨、順，杜滅酒、色、財、氣。
- **兩大護法**：即道場守護神，韋馱尊者和伽藍尊者。韋馱尊者是四天三十二軍的總統領；伽藍尊者就是關聖帝君，元朝時被封為伽藍之神，民間尊其為「蓋天古佛」。
- **十八羅漢**：印度有佛教版的十八羅漢，後來傳到漢族大陸，改變成由降龍、伏虎為首的漢民族版本十八羅漢。

佛教在漢民族多次被立為國教，《法華經》稱，釋迦牟尼佛有大力，能伏四魔，故稱「大雄世尊」，所以「大雄」是釋迦牟尼異於其他諸佛十號的特稱，因此「大雄寶殿」以祭釋迦牟尼佛為主。而「圓通大士」則為觀世音的聖號，所以「圓通寶殿」是指供奉觀世音的佛堂，又稱「大悲殿」。「華藏寶殿」乃供奉華嚴三聖，故又稱「三聖殿」。其他還有藥師寶殿、地藏寶殿、天王殿……。

「殿」是皇帝問政的處所，對應在宗教上「殿」亦是帝君級的神祇處所，漢民族宗教祭堂稱為「殿」的，有道教的「三清寶殿」（三清道祖）、「凌霄寶殿」（玉皇大帝）和儒教的「大成殿」（孔子），佛教祀堂都稱成「寶殿」，可見佛教諸佛菩薩殊在漢民族的地位已經被大眾視為帝君等級。

在道教裡，佛教諸神**不編入**正式神祇編制，但為體制外**極有修行與影響力**的神祇，與道教諸神和平共處，連權力最大的玉皇大帝都對其非常尊敬，並依宋徽宗之謚，尊稱釋迦牟尼佛為已經超氣入理的「大覺金仙」，「金仙」是道教無極界的最崇高神祇。而在佛教裡，則把道教諸神列為「欲界」生靈，還處在六道輪迴裡，並稱儒教的至聖孔子為「儒童菩薩」、顏回為「光淨菩薩」、關聖帝君為「伽藍」（道場守護神）。

佛教諸神依來源可分為五類：一是取材或脫胎自印度傳說與宗教，如大梵天王、帝釋天、四大天王、三十二天諸神、地獄諸神、阿修羅、天龍八部；二是歷史聖人，如釋迦牟尼、迦葉、阿難、佛陀弟子、五百羅漢、護教居士；三是由佛教演進而新撰的經典所產生，如華嚴、淨土、法華諸佛菩薩；四是因應信仰邏輯而產生的諸神，如三世佛、七世佛、五方佛、千名佛；五是與地方信仰結合而產生，如漢民族的關帝、孔子、顏回，與西藏密宗的諸佛菩薩。

儒教

儒家原本為學術教派，但是因為其敬天法祖，崇尚禮法與祭祀祖賢，且儒學自漢朝後被列為國學，歷朝歷代皆有正式儀典與祭祀，並且全國通行，**雖無宗教信仰，卻有宗教情懷**，因此自成一教。

有人說儒教是「因神設教」，這是謬誤，此乃擅長降鸞的鸞門自稱「儒宗神教」，鸞堂亦稱儒壇，所以招致混淆與誤會，儒家「祭祀」歷代先祖和聖賢以為倫理教化，但不曾「信仰」任何神祇。儒教祭祀分為文廟（孔廟）文祀、武廟（關岳廟）武祀，以及民間祭祀。

儒教雖祭祀先祖聖賢，但不曾信仰任何神祇。

・孔廟文祀

孔廟文祀以「大成殿」至聖先師孔子為主祀，復聖顏子與述聖子思子為東配祀、宗聖曾子與亞聖孟子為西配祀，陪祀的還有先師弟子（含朱熹）十二哲。

大成殿兩旁的「東廡」、「西廡」各祭祀歷代賢儒七十四賢。大成殿後為「崇聖祠」，祭祀孔子五代祖先及孔門聖賢們的父親，表達儒門崇孝敬祖的儀律。

孔廟諸聖皆無神像，本有公侯封謚但後全都取消，一律祀以神龕，尊稱為「子」，但主廟稱「大成殿」，「殿」為皇帝問政之處，且孔子神龕以九龍護蟠，是皇帝的格局，所以孔子地位屬於帝君級，故無疑慮。時至今日，孔廟文祀仍為政府每年的大事。

・關岳廟武祀

武廟的武祀歷代略有變更，從一開始祭祀姜太公的「太公廟」、「武成王廟」，祭祀歷代帝王的「太祀殿」，到民國初年的關岳廟（關公、岳飛）並陪祀二十四名將。今日政府已經沒有武廟武祀，不過民間祭祀關岳二聖，風氣仍然浩然不絕，關聖帝君崇拜地位在臺灣甚至**直追玉皇大帝**。

・民間祭祀

古代儒生讀書之書院多半祭祀文昌帝君，或五文昌（文昌帝君、文衡帝君、純陽祖師——

呂洞賓、魁斗星君、朱衣神君），稱為「文昌祠」，而文衡帝君（關聖帝君）、亞聖先師孟子與朱國公（紫陽夫子）朱熹，民間都有人立廟祭祀。不過，因為民國後政府每年祭孔，所以早有明令，民間廟宇不得以「孔廟」自稱，因此民間沒有主祀孔子的廟宇——孔子在民間反而成了廟宇的配祀。

✷恩主公

宋明道學吸納儒道佛三教之學，強調「三教合一」，至明朝因而產生「以儒為宗，因神設教」的民間信仰，其中以**關聖帝君為恩主公（救世主）**的崇拜，便應運而起，並流傳廣泛，可視為一種新的宗教改革運動。

恩主公崇拜的神祇亦為道教的神祇，但因其最高崇拜者為關聖帝君（只有少許為孚佑帝君呂洞賓），且科儀與道教有所出入，如：經常扶筆降鸞（不似道教起乩）、有鸞生團誦經（含三教經典）、為民眾消災治病（信仰活動），並且不食血食、不燒金紙（清靜較似佛教）、捨棄繁瑣科儀，與道教制度有所出入，自成一格，亦稱為「鸞門」（鸞門在廣義上指的是神仙降筆教化傳道之處）。

恩主公配祀關平、周倉兩位聖師，另外恩主公亦有三尊者，為關聖帝君、孚佑帝君、司命真君（灶神張單）。如果為五尊者，則再加上文昌帝君、玄天上帝，或加上岳武穆候（岳飛）、豁落靈官王（降恩真君，一說為二十六天將之首，一說為玉樞火府天將）不等。

一貫道

一貫道亦是鸞門的一種，崇拜的最高神祇為明明上帝或稱無極老母、無生老母，為宇宙真宰，但此無極老母並非道教中的后土皇地或瑤池金母，不可混淆。

在一貫道信仰裡，孔子、老子、釋迦牟尼、基督、阿拉五教教主都是由無極老母所生，地球上六十五億人口也都是無極老母的子孫後裔。所以五教神祇，不分土洋，皆在無極老母之下接受供奉。

一貫道崇尚「無極」或「無生」，不燒紙錢、吃素，傳承道法的師父稱「點傳師」，科儀與道教有所出入，故自成一格。

玄靈高上帝與無極系統

亦是鸞門的一種，約清朝，四川興起關聖帝君已於清同治三年，被五教教主共推為第十八代玉皇大帝的說法，稱為「玄靈高上帝」，而昊天上帝則為第十七代「玄穹高上帝」。因與道教制度有所不同，所以自成一個由「玄靈高上帝」中天直轄的崇拜廟宇系統。

另外，太極為道教神祇崇拜的起點，再上去屬於無極，為不可知的範疇，但民間為了信仰上的需求，強化神祇的無上地位與崇高，能統領其他諸教教主，於是不斷往上架疊，創造出「無極混元丈人」等無極系統出來，因與道教的神祇架構、制度不同，自成一個由「無極」直轄的崇拜鸞門系統。

邊地民族信仰

漢民族因為由許多民族所構成，各民族的創世紀與各種神話也都極為豐富，後因民族融合的因素，這些神祇信仰進入中原，並且為道教所吸納。譬如盤古開天與女媧補天即為西南民族神話，但後來因為被吸納信仰，於是有人便說盤古就是元始天王，女媧便是玄天娘娘（九天玄女）或伏羲氏之妹，或者是上古的女帝……，產生文化與信仰的衝突與融合。

原則上，對於外教或外來神祇，應該保持它的**獨立性**以及**原始功能**，不需強要將它們與漢民族的道教神祇整合為一，否則不但喪失文化的多元性，也令神祇架構愈混淆不清，乃至失去真確性。

正教與正神

所謂「正教」與「正神」，就是被政府或民間善良習俗肯定的宗教與神祇，無疑的，他們除了宗教的功能外，還有文化與社會的功能。正信信仰使人們心靈喜樂、社會和諧、教化風行，它是良善的，也充滿了鄉土與人情的饒趣。

也因為如此，世界各個科學先進的國家，亦從來不認為信奉天主或基督、做禮拜、過萬聖節、復活節等是迷信落伍的，在不淪為怪力亂神和成為社會進步阻礙的前提下，正信信仰並不等於迷信。

神祇的研究可以將它看成是一種民俗學的研究，也可以將它視為是宗教與信仰。在民俗學上，這是一種先民探求自然與生命的活動紀錄，也充滿了知性的饒趣。至於在宗教上，神祇是否為真實存在，或祂的真實個性與功勳是否與正史相符，**其實並不重要**，因為宗教與信仰講求的是「共識」與「共業」，因為人們普遍相信某種認知，並且透過集體行為，造成某種情境與結果就存在了。

舉例來說，古代人因為自然崇拜的關係，推演並且創造了玉皇大帝這第一位神祇，幾千年來經由信仰和崇拜，「玉皇大帝」這麼一位「神靈」，可能因為人們意識力量的集結而產生了，並肩負人們對祂期待的任務。我們或者可以說，透過神的共同信仰，人類將自己的力量激發並集中起來，形成一種**抽象但確實存在**的情境，譬如透過祖靈的信仰，使個人產生力量，也使族群產生共同力量，同時也使個人和族群的精神深深地凝聚在一起，而與此同時，神無疑的就達到祂的功能。

神祇信仰有其正向的必要。但因為宗教自由為基本人權，加上人們心靈空虛，各種信仰或靈修活動盛行，所以許多不被政府與民間賢人肯定的宗教與神祇，便被宗教常識不足的人採信，或者被他們誇張的神蹟所吸引，它們可分為兩種。

第一種，傳統歷史上不被認定的旁門左道，在地下以非正式組織方式流傳，如養小鬼、拜狐仙、祭鬼、下蠱、施咒……，這些信仰因為與鬼族掛勾、違反善良，乃至進行犯罪行為或圖謀不軌，因而被稱為「邪教」或「巫術」。

第二種，不被認同的新興教派，近年各種新興教派流行，它們幾乎都是沿著三大宗教——

佛教、道教、基督教的面貌衍生而來，據統計，一年全球即有一兩百種新興派教誕生。不被認可的教派約有下列幾種特性：

❶邪惡崇拜（譬如主張集體自殺、反社會、雜交、崇拜邪神）。
❷施行巫術。
❸建立教主個人崇拜與造神。
❹違反修行原則，六根不淨，奢言教主已成神佛，信徒可立即開悟。
❺教義狹隘怪誕，經不起宗教哲學考驗。
❻教徒團體行為怪異、不符合倫常與善良規範。
❼要求過分捐獻等。

因此，這些邪教不但無法將人導引到更深層的思考與修練層次，也經常發生斂財斂色，以及嚴重的個人或社會問題，乃至做出集體自殺或傷害世人的事。

此外，全球現在更瀰漫一股藉由宗教來靈修、養身的風潮，這些建立在三大宗教，但帶有濃厚商業營利色彩的靈修團體，雖然並不能說是邪教，但真正的修為並非上了幾次課程或服用有機食品即可達成，尋求正統宗教的皈依，接受正式而長期的心靈修練與行為實踐，應該才是最真確的方法。

根據統計，全球一年內就有一兩百個新興教派誕生。

結論

本文大略論述漢民族神祇由來、編制、分類，最主要是要說明「信仰」是一種「對自然謙卑」的情懷，它同時兼有善良、激勵、愛和疼惜萬物的本質，我們不需過度沉迷神蹟，但應該接受正善力量的指引，這樣我們一定可以改變自己的命運，招來好運，同時，也要分清正教與邪教間的差異，如此神祇信仰才能發揮它的正向功能。

（原文為〈「道」的信仰與神明概念〉，發表於《歷史月刊》民國九十七年七月號）

從關公、關帝到玄靈高上帝

關聖帝君無非是中國最神奇的神祇，從最初的民間祭祀到朝廷封敕、道教封神、儒家封神、佛教封神，乃至於明、清時期，鸞門群眾運動倡導關聖升任第十八代玉皇大帝，關聖帝君無疑是研究信仰演進的最佳「神」選。

從宗教學角度而言，是神創造了人；但從社會心理學角度而言，是人創造了神。本文旨在討論社會變遷與信仰改革之間的關係，並從關聖帝君信仰的演進，探討人類信仰改革的社會因素與心理需求。

人需要信仰

從宗教學的角度而言，「信仰」是一種先驗的「神祕」力量與境界，它並**不需要經過科學方法**不斷的重複實驗，獲得每次都是肯定的答案來「實證」，而是透過許多特殊經驗來取得某些人或族群的「認證」。

但從心理學的角度而言，信仰卻是一種**企圖得到解答的心理需求**展現，原始的人類，將對未知的種種恐懼，透過信仰給予概念化的解釋，並從這裡得到歸宿、安全感與行為依據，也逐步展開更新的文明。但是隨著文明的進步，信仰變成一個族群的共同經驗、民俗、文化，甚至是不容置疑的圖騰，這個時候，信仰不但變成共同的社會心理，乃至變成一個族群思想的根本概念和基模。

比方說，在人類歷史上，信仰曾經決定過政權的歸屬，西方的「君權神授」和中國的「天子」，無異的，都是透過信仰的「神權」來壓抑並統治實際的「人權」，而且幾千來沒有被懷疑過，直到科學昌明後，信仰的權力才逐漸減弱。

雖然現在信仰的權力已經逐漸減弱，但它在民間與族群間所表現出來的社會共同心理與力量卻仍影響遠大，譬如，每次選舉，宗教選票一定是兵家必爭之地；社會有重大事件發生時，宗教領袖往往有舉足輕重的影響性。甚至，許多原住民部落仍堅信「祖靈」的意義，祖靈信仰曾支持他們發動許多抗暴運動，也支持他們追求民族的平等與獨立，讓他們得到應有的尊嚴，縱使到了現時，祖靈也是呼喚他們定期群聚的主要因素，也因此有效地維護一個族群的存在形式。

所以，信仰代表**社會某個部分的認知**，而且這個認知產生力量，使政治、文化、結構發生演變。

新儒學帶動鸞門興起

雖然信仰影響社會與文明的演進，但一個族群的信仰並非統一的，有時甚至是衝突的，而決定信仰走向的，往往是在於能滿足當時的社會需求，而這個需求又促使信仰發生變革，因而形成一個「社會—信仰」的無止歇滾動。

儒家從漢朝以來主導了中國的思想，但儒家向來講究形下的倫理學，對形上學是「敬鬼神而遠之」，這除了無法構成一套全面性的學術，顯然更難以滿足社會大眾對信仰的心理需求。於是，宋明學者便開始以儒學為基礎，大量吸納道教的道、氣、太極、陰陽、五行之術形成「理學」，和佛家一切唯心形成「心學」，成為「新儒學」，又稱「道學」。

三學合一的「新儒學」似乎展開了一個文化新契機，民間也因此展開了一個「三教合一」的新宗教運動——「以儒為宗，因神設教」。「以儒為宗」便是以儒學（應該是新儒學）為宗旨的教義；「因神設教」則是設立三教合一的最高神祇教主。然而，它們雖然自稱三教融合，但在教義、儀式、信奉的最高神祇上，皆異於三教，而且沒有一個統一的中央教團。他們慣以「降鸞」[1]的方式傳遞神明旨意，因此行此降鸞方式的新教派，統稱為「鸞門」。鸞門雖不為三教所承認，但卻因為時局的動亂，獲得農民與低下階級的支持，因而有充分的社會理由能滋長起來，成為普遍的民間信仰。

鸞門因以儒為宗，摻雜佛道，故以因果、神異故事與人為善，而且淺白易懂，不談高妙玄理，再加上是透過百姓耳熟能詳的仙佛降鸞，有其神祇的權威性，很快就建立了龐大的信仰勢力。到了明清時代，鸞門藉神仙降鸞發行的「善書」已大行其道，連清朝名儒紀曉嵐的《閱微草堂筆記》、袁枚的《子不語》皆是收集民間奇譚，談因論果、勸善懲惡的善書，並都在中國誌異小說上享有盛名。而清末鸞門發起的大規模農民和排外運動，也影響中國政治甚深，可見新型態的鸞門信仰對明清以降的時代思想、社會型態、國家運作影響有多深刻。

鸞門信仰中，最有名的有**白蓮教**、**一貫道**，以及本文要專門探討的**關聖帝君崇拜**，它表現了這段期間人民因為時代變遷而發生的信仰改變。

關聖帝君信仰的演進

關羽（一六〇年）是三國時代名將，六十歲時麥城敗走被俘就義，是中國「義」的代表，與孔子之「仁」等齊，「仁義」遂成為中國思想的中心與精髓。仙逝後第一個諡號是劉後主所封的「壯繆侯」，後經歷代帝王累計封諡三十五次。明神宗萬曆十年，封「協天大帝」首次晉升「帝級」；明思宗崇禎三年封「真元顯應昭明翊漢大天尊」為「天尊」等級。乃至到了民國初期，關帝仍與孔子並列為政府的文武二祭。

除了政府的正式策封祭祀外，在宗教方面，儒道釋三教皆對關帝頗為尊崇，是**唯一橫跨三教的神祇**。道教尊其為「協天伏魔大帝」，亦即為協助玉皇大帝的首相，並掃蕩人間妖魔；儒教稱其為「山西關夫子」，並將文衡聖帝（即關帝）列為五文昌[2]之一；佛教智者大師建玉泉寺尊其為「伽藍之神」，後由宋哲宗賜號「顯烈」；鸞門則尊其為「蓋天古佛」。

除了橫跨三教的神祇身分之外，如果說關帝是中國信奉最廣、信徒最多的神祇，也並不過分，這些因素遂使關羽從原本民間稱奉的「關公」正式成為神祇的「關帝」，並晉升到「恩主公」，最後鸞門傳出，原任玉皇大帝的昊天上帝退位，關帝即玉皇位，成為三教教主，稱為「玄靈高上帝」。

這個思想的演進，與當時全世界各宗教充滿「**末世思想**」有關，末世思想在基督教有「摩門教」；在佛教有「末法時代」的淨土觀；中國本身的《皇極經世》也以易經卦象推論現在是世界末期。因受此種種思想影響，加上中國時值內憂外患、天災人禍，民間自然也充滿末世思想，因而滿心等待一位新的救世主出現，因此，民間便出現「天上換玉皇，地府換閻王」[3]的宗教群眾運動，希望改朝換代，重新出發，而這也是鸞門運動能夠蓬勃發展的社會因素之一。

「恩主公」意即為「救世主」，據清道光年間鸞門流傳的〈關聖帝君救劫文覺世真經〉[4]一文所載，因世道中落，善人千中難尋十人，玉皇大帝於是有意將作惡眾生收盡，但經關帝聚諸眾神苦求，玉帝乃方罷休，並賦予關帝教化救渡蒼生之責，從此關帝變成萬民的救世主。

因為**渴望一位最高神祇的庇佑**，任何信徒似乎都希望能讓自己的神祇高於其他教派，這是人性，而不是神意。於是，鸞門信徒把關帝的身分從「恩主公」再提升為「中皇玄靈高上帝」，而原本的玉皇大帝則稱為「玄穹高上帝」[5]。「中天」原本是玉皇居處，關帝居於南天，關帝由南天進居中天，並稱「中皇」，此舉頗有任關帝為執行首相，而玉帝則為虛位元首之意。事件發生的年代應於清光緒年代，《玉皇真經》內明載「光緒丙申年，降於汕江慕道仙館」，本經即出現「玄穹高上帝」神號。

學者公認發生關帝執掌玉皇大帝職務之說的時點，是在民國九年，當時雲南省昆明市西邊洱源縣的鸞生楊定一、楊抱一以降鸞之名著《洞冥寶記》，其中提到：無極老母會設三次龍華會收度原人，第三次龍華會即將到來，但由於原玉皇倦勤，老母遂於同治三年歲次甲子，命關帝任第十八代玉皇大帝，號「蒼穹第十八聖主武哲天皇上帝」。但此說自當引來相當大的宗教紛爭，一來，這樣一貫道的無極老母才是最高的神權者；二來，道教當然無法接受此說。這也確實是一項歷史的誤解，關帝執掌玉皇大帝職務之說最遲在清中就發生了[6]。

「恩主公」意指「救世主」，即將關聖帝君尊為萬民的救世主。

後於民國六十一年，臺中市鸞門「聖賢堂」王奇謀扶筆發行《關聖帝君受禪玉帝經略》，以牟尼文佛（釋迦牟尼佛）降筆說明，第十七代玉皇大天尊玄穹高上帝因功德道備，理合上證上清真境，故禪讓其位，後經五教教主共推關帝為十八代玉皇大天尊玄靈高上帝，於甲子年（清同治三年）即位。此舉，不但擺脫了無極老母的最高神權，而且過程和平（「禪讓」和符合民主程序的「共推」），還將關帝從三教教主推向五教教主，似乎是一個圓滿的大結局，但其與道教的糾紛當然無法了結。

為何關聖帝君備受推崇

鸞門派別眾多，良莠不齊，今以在臺灣發展良好的恩主公信仰叢來說明信仰演進的社會心理。除了前段提到的兩個基本社會負面心理因素：天災人禍的末世恐慌、世人爭取神權的最高領導地位，另外，還有三個正面因素亦值得探討。

首先，是社會對宗教改革的需求，中國以儒立國，但儒家缺乏信仰的元素，而道家提供的信仰又過於著重符籙、法術與求仙之術，況且道教在中國始終未形成非常明顯的統一教團，顯得非常雜亂，與佛教一比，道教便顯得過於怪誕。佛教的清靜雖然符合中國人潛藏的老莊性格，但又過於深奧，另一方面，它也是個外來宗教，有民族情結的隔閡，因此「以儒為宗，因神設教」三教合一需求為當時之民族所需。以臺北市行天宮恩主公崇拜為例（全臺恩主公幾乎一致），它素食（不殺生、不血祭）、不崇尚法術（僅簡單的降鸞、收驚、去晦），而且不燒紙錢（不與神明「金錢」交易），一般信徒僅以簡單香果、誦經為祈禱方式，強調「心香」而非物質對神祇的供養。

二者，是入世的宗教社會需求，原始的道家講究無為、道教重修仙、佛家講成佛，都有濃厚的出世修行思想，但清朝後，中國國門大開，列強入侵，有民族破滅的危機，所以，此時避世的宗教思想自然無法符合時代需求，因而著重入世、服務、倫理、社會，乃至愛國的宗教觀便應運而生。恩主公崇拜教團組織成員稱為「鸞生」，最重要的工作除了誦經修心，就是行善布施，並且強調修德修身修功果，更甚於修仙修佛修術，展現以上特質。

最後，是神權改革因素，也是恩主公與道教最大的糾葛——現在玉皇大帝到底是原任的昊天上帝，還是玄靈高上帝？臺灣所有的恩主公廟（非關帝廟）幾乎全奉恩主公為玄靈高上帝，且不隸屬道教總會或嗣漢天府，故稱「中天直轄」或「南天直轄」。道教認為，玉皇大帝代表的是自然的「道」與「天」，人是自然下的產物，焉能反客為主，取而代之？但恩主公系統代表的卻是從「自然崇拜」演變到「聖賢崇拜」，更強調人的倫理價值，人之為聖賢者，能反璞歸真，天人合一，人神共仰，有何不對？而這也象徵著神權打破，人權抬頭的現代民主意義。再從道學角度而言，心即理，宇宙為自心所現，並非自然創造人，而是心創造宇宙，故至聖回歸唯心、主宰宇宙，應是理則。

縱上所言，這就是符合當時常民需求的宗教：教義簡單、儀式清靜、著重倫理、親民民主、有民族性，但又不失神祕的信仰崇拜。

結論

社會變遷總是牽動信仰改革，西方世界的「神權」顯然已經鬆動，「君權神授」不再，也不是「天賦人權」，人權與民權已經是「本來如此」的自然概念，但是，「上帝」仍存在每個人心中。而中國似乎也是如此，恩主公信仰──關帝由人而聖最後成為玉皇大帝的觀念，代表人權與倫理的觀念已經逐漸超乎對自然神權的崇拜，雖然如此，人還是需要一個玉皇大帝。

社會變遷中，人和社會的價值雖然已經逐漸凌駕神的旨意，但人還是不能沒有一個上帝，因為信仰一直在變革，但終究還是不能沒有信仰吧！

（原文為〈從關帝信仰演進談社會變遷中的宗教改革〉，獲忠義文學獎，收錄於《二〇〇九年第五屆忠義文學獎得獎優良作品集》，並發表於《歷史月刊》民國九十八年十二月號）

1 降鸞，就是有一神明代言人（鸞生）在神明下降後，以寫字的方式表達神明旨意。民間亦有稱一般起乩的乩童為「武乩」，而不起乩的鸞生為「文乩」者。

2 五文昌乃五位庇佑考生、讀書人的神祇，分別是：文昌帝君、文衡帝君、魁斗星君、朱衣神君、純陽祖師（呂洞賓）。

3 以明清時代，湖北到四川的「川楚之亂」為代表。但亦有學者認為，將對政治普遍絕望的「群眾革命」視為「亂」是不恰當的。

4 「救劫文」相當序，「覺世真經」相當正文。本經據蔡相煇教授考證，編造年代為道光二十二年二月間，由同安籍的蘇廷玉撰寫，其子蘇士準請人摹鐫於泉州關岳廟。

5 《關聖要求正名——「勿亂法統」》，民國七〇年，涵靜老人著。作者即天帝教首席使者（教主）李玉階。

6 民國九年的說法顯然不對，明清之時，民間即倡「天上換玉皇」之說，並已出現玄靈高上帝（關帝）、玄穹高上帝（原玉皇）之尊號，可見關帝執掌玉皇職務之說最晚清朝中期即出現。而民國九年一貫道《洞冥寶記》之說，乃是為了提升該教無極老母之地位而又再造的，且該書中關聖之尊號為「蒼穹第十八聖主武哲天皇上帝」而非「玄靈高上帝」，但一些學者便誤以此為時點。

人死為鬼神，鬼神生為人

神或鬼在一般人的觀念裡總是未知的、神祕的，但也因而構成了民俗裡有趣的一環，而對鬼神的祭祀，也變成常民的信仰活動之一。但鬼神終究為何物？能力到底有多大？佛教與道教的看法其實並不相同。

生靈的分類、維生與行為

佛教並不否認鬼神的存在，相反的，還將祂們分類得相當清楚。一個小世界可分為：**欲界**、**色界**、**無色界**等三個層次，共二十八天，各有不同的名稱與生靈。這個說法原始佛教的時候便已經出現，但較為紛亂，直到《四教儀集註》時才清楚地整理出來。

三界

「欲界」仍有食、淫二欲，故名「欲界」，其中的人、阿修羅、鬼、傍生（動物）還有生殖能力；天人與地獄眾生則沒有生殖能力，是化生與化滅的。欲界生靈必須依賴物質身軀存

三界簡表					
三界	天重數	十界生靈	組成	行動	能量來源
無色界	四天	佛、菩薩（阿羅漢）	場、力	六通力	識食、意思食 ↕ 粗摶食、細觸食
色界	十八天	緣覺、聲聞	能量		
欲界	六天	天人	微小粒子		
	地球	人、阿修羅、傍生、鬼、地獄	物質	六根力	

在，但物質會依層級愈高而愈為微細，依現代科學角度而言，可能是微粒子、暗粒子，乃至負粒子等，以至虛無飄渺，但都還是物質屬性。所以民俗眼中的鬼神，一般認為以能量存在，這是錯誤的——如果是欲界中的鬼神，還是以微小粒子存在。

「色界」便不需靠物質存在或存活，但仍有形體，故曰「色界」，且不會生殖，以現在科學之說，便是以能量型態存在。而「無色界」便更高級了，這時連能量、形體也沒有了，只靠「意識」的力量存在，依現代科學的說法便是「力」或「場」。

道教後來也接受這種三界分類，並加二十八天為三十六天，但這是宗教的競賽，顯示我比你高，並不需特別說明。

四食

三界的生靈靠什麼維生？《增一阿含・四十一》有「四食」之說，分別是：粗摶食、細觸時、意思食、識食。以科學角度來說，便是：由口腹吸收的物質食物；由五根（眼耳鼻舌身）吸收的各種能量，如光、波、氣、化學分子、熱能、微粒子等；意念的「力」；唯識的「力」。（佛教認為「意」是指生靈的心理意念活動；而「識」則是宇宙本源「阿賴耶識」的唯心論之「力」，而宇宙也是由這個唯識本心之力所發創的，故曰：「萬法唯識」、「十界唯心」。）

從上可知，愈低等的生靈愈依賴物質與能量，愈高級的生靈愈依賴意識的場和力，人類居其中間，四種都需要。

六根力與六通力

生靈活動的方式也有不同，物質形體之生靈（欲界生靈）大部分是靠「六根力」（眼耳鼻舌身意）來接受、思辯、產生情緒與表達、行動，這部分唯識宗的「五位百法」有詳盡說明。至於非物質形體之生靈（色界以上生靈），則大部分是靠「六通力」：神足通（瞬間移位）、天耳通（千里聽音）、天眼通（千里觀影）、他心通（知人心念）、宿命通（能知過去）、漏盡智證通（能徹悟真理）。顯現神通在《阿含經》裡便經常出現，譬如佛陀十大弟子中的目連尊者便是神通第一，而阿那律尊者是天眼通第一，能看盡十方三千世界。大乘佛經更是把神通發揮得淋漓盡致，如《法華經》中佛出現時，天地六種震動、時空扭曲變形，佛坐於空間之中，三千世界復現於佛之白毫。

總之，依科學角度而言，物質生靈多依賴物理、物質力的方法；而非物質生靈多依賴能量與波動，甚至是場與力。雖說物種有六根力，但並非六力都很強，好比狗的嗅覺靈敏、蛇的蛇信能分辨化學物質而完形環境、蝙蝠與海豚依賴聲納、蚊子靠二氧化碳濃度辨人……，各有所長，相較之下，人類就好似樣樣通，樣樣鬆了。而且，物種雖大部分使用六根力，但多少也有六通力，譬如人在某種情況會發生既視現象、預測現象、心電感應，或不以物理方式行使某些行為，這種現象在動物身上更明顯，而佛經中，佛陀與其弟子也常現神通，可見物種也有六通力。

同理，非物質形體的生靈雖靠六通力，但其實也**並非個個「神通廣大」**，需視它的等級高低而定，而且多少也還是有六根力，因為質能本來就能互換，譬如油料轉化為熱能與光能、聲波能震破玻璃……，其中需要的只是轉換的機制或技巧而已，所以六根力與六通力**並非不可互換**，但一般生靈當然不容易任意做到。

佛教說明得很清楚，四聖道等級高於輪迴六道，而六道等級高低分別為：天／阿修羅、人、傍生、鬼、地獄眾生。地球上的人鬼神，人的物質結構較大，以六根力為主，六通力為輔；神的物質結構較小，以六通力為主，六根力為輔；鬼雖物質結構也較小，但因等級低，所以六根力小，六通力亦小。

而欲界六天中的天人因其物質結構已經非常飄渺，所以神通之力就很大了，而色界以上便行使六通力，而且祂們在質能互換下，也是可以化六通力為六根力，這就是為何宗教上，色界以上的生靈能改變欲界事物的原因。

何謂鬼神

對鬼神的定義，佛道並不相同。世親論師之《唯識二十論》及《唯識三十頌》認為，生靈都有「阿賴耶識」，它是人的根本神識，也是輪迴的主體，它也是佛性。而生靈因為修行與善惡因果，便會生於「十界」之一，十界包括不用再輪迴的「四聖道」：佛、菩薩、緣覺、聲聞，以及必須再受苦的「輪迴六道」：天、人、阿修羅、傍生、鬼、地獄。而一般民眾對佛教十界的認知便是：「神」即為四聖道、天人；「非正神」乃阿修羅、鬼道之大者，以及傍生之精靈者（如龍王）；而「鬼」便是鬼道眾生。

佛教的「鬼道」是投胎之處，道教的鬼類是泛靈和孤魂野鬼。

相較於**佛教認為「識」為生靈的根本，沒有了「識」，就不是「生靈」**，**道教則是「泛靈論」**。道教認為，天地陰陽之氣結合就會產生「靈」，對木頭唸經起咒膜拜服侍，木頭也會有靈。甚至，人死後有三靈，主靈去投胎，其他二靈分別留於墓地與神主牌，而神主牌的靈又因子孫的分流祭祀而產生「分靈」……，搞得靈影幢幢。佛、道在這個議題上意見相左，而《楞伽經》在談及「五蘊魔相」時，便認為誤將物體當成靈體，即是陰魔的魔障使然。

道教對泛靈看法，可能性有三。一、就是佛教中的鬼道、阿修羅、高等傍生（如天龍八部）。二、那些物體被靈體附著。三、若以現代科學角度而言，是一種聚合的能量團，它雖有機能，但卻無「識」，所以不算生靈。

此外，佛教稱人死後之「靈魂」（阿賴耶識）為「中陰身」，中陰身最晚在七七四十九天後，便在天理運作之下，各就各位。但道教則認為，人死後的靈魂，有可能在輪迴的過程中叛逃出去，成為孤魂野鬼。因為這兩者見解不同，所以在佛教裡的「鬼道」是輪迴六道之一，是投胎之處，鬼母生鬼子；但道教認為的鬼類，卻是各種泛靈和孤魂野鬼。

但最根本的差異還是在，**佛教的宇宙起源觀是「唯心（識）論」，乃趨於無神論，但道教則是「創世論」**，認為世界是三清道祖所化，並有象徵宇宙本體的玉皇大帝、陰陽二氣的瑤池金母和東華帝君、宇宙五方五老、星空五斗星君……，這些都是自然之神，道教認為，這些先天之神，不但先於人類而存在，甚至是創造人類與萬物之母，其地位直逼宇宙本體與創世之源。

由於佛教是唯心論、無神論，並將鬼列為六道之一，所以對鬼神的分野並不複雜。道教則因為是泛靈論、承認遊魂、兼又摻雜許多民間信仰，所以對鬼神的分辨就較為複雜。而現今臺灣常民習俗裡的鬼神則是包羅了佛道兩家所述，表列如下，但事實上，因為佛教講究清靜解脫、道教重符籙神仙之術，所以民間信仰論及鬼神時，多採道教看法，並多將佛菩薩視為有大能力的正神來看待。

佛、道對鬼、神的認知不同從下列二例便可明顯得知。首先，在神明方面，印度教認為，世界乃是由大梵天王所造，是為造物主；但佛教卻認為，大梵天王只是色界中的第一位神，甚至還不到無色界；而漢族玉皇大帝的地位則等同大梵天王，所以佛教認為玉皇大帝只在「天」的境界。而道教當然不這麼認為，道教認為玉皇大帝相當宇宙三界（太極）本體，而宇宙之外的「無極」境界諸仙，則是已經超脫三界的「大羅金仙」，佛就是其一，尊釋迦為「大覺金仙」。

在鬼方面，佛教七月的盂蘭盆法會，源於目連尊者供佛超渡其母與地獄眾生，但到了漢族，則結合在地的鬼神信仰，將七月的中元法會變成放食布施「放假」的地獄諸鬼，以及普渡在陽間流連的諸多孤魂。

民間對佛道鬼神之分類			
	正神	非正神（大鬼）	鬼
佛教	四聖道、天人	阿修羅、鬼道之大者、傍生之精靈者	鬼道眾生
道教	創世之神、自然之神、人間聖賢之靈，以及被認定之稗官野史神祇	未認定但有能力之泛靈與孤魂	泛靈及孤魂野鬼
功能	仁慈好生、遵循天理	接受祭祀與人類合作	與人類陽冥不同路，陰陽相剋

盂蘭盆法會超渡地獄眾生，中元法會布施放假地獄諸鬼、普渡陽間的孤魂野鬼。

佛、道對鬼、神看法相左，如跟基督教再比較起來，更是迥異，這是因為他們著眼的角度與高度不一樣，後面會述及。

人與鬼神的相似與差異

人死為鬼神，鬼神生為人，其實只是輪迴歷程中的不同階段與趣道，就如佛教所言，是同一個「識」在不同的六道中以不同的形式存在而已。但，這樣會產生什麼差異？能力會不同嗎？前面已解釋，**神的能力大於人，人的能力大於鬼**，但這是「整體」而言，「個案」就不一定，譬如人弱遭狗欺，同理，神明落難、人運低落，亦可能遭惡鬼欺負；又如，人隻身進入猴群，也難保全身而退。所以人不可因而輕蔑鬼神，還是應該以平等心、尊重心待之。

那何謂生靈的「能力」？就宗教而言，當意識愈能保持平靜、集中，就能夠產生愈大的識力，這從現代科技的腦波測量可以得知，包括它的頻率和強度。發怒時，雖然感覺意識力很大，但其實不然，因為暴怒的人體力一下子就用盡，而且長期以來身體很容易耗損，更加因為易做錯事而無法彌補。所以「備戰」或「戰鬥」狀態只能用於事件發生處理當時，平時則應保持平靜與集中。

所謂「平靜」包含不受別人的干擾、影響、激怒，腦波頻率經常穩定，因而能理性處事、隨時照見自心。所謂「集中」則是意識集中，不會飄飄忽忽、空若無神，腦電會比發呆時強，但低於思考的時候，因而敏銳但卻不會疲累。我們可以感受到，成功的人往往不是外在體力強的人，而是內在識力強的人，他會影響我們（或者說，他的識力會影響我們的識力），讓我們被他說服。

所以，人鬼神亦然，誰的**識力強**，誰就有比較高的能力去影響其餘者。因此，一個經常遭非人侵擾的人，必是識力（腦波）混亂、分散者；而平靜集中者反而不受干擾，若因而開發了神通而能感應非人，也仍居於主導地位，而非被擾地位。而這個識力是可以靠靜坐、唸經、修行提升的，佛典也常記載，人在修行後神通力也愈趨強大，而道家更強調這點。

生靈除了能力不同外，善惡也不同。其能力就好像磁鐵的磁力，善惡好比磁鐵的磁性，兩者共同成為決定生於十界中的何道，以及位階高低的關鍵因素。譬如，有福報，且又脾氣溫和者，能為神，可於天上享受無拘無束的生活，或於人間享受煙火；如有福報，但脾氣暴烈則為阿修羅，阿修羅因桀敖不馴，故未與天、人同居，而自成一族居於化外。又如能力強，可在色界、無色界，但心中仍有三毒，則是成魔而非菩薩。人間經常祭拜到的大鬼，就是業障深厚者的鬼，但因其曾經為善未報，所以有福可享受人間的一些香火，但不為正神。

總而言之，人如想將來有好的趣道，則應在能力和善良上勤加耕耘；如感覺時運不遂，被鬼騷擾，也是如此修行，則鬼祟自退。

與神溝通的四種層次

一般人多敬畏鬼神，乃在於人用六根力，未諳六通力，加上無法真確感受鬼神的存在，所以對其感到神祕、崇拜、害怕，乃至因為自我幻想、神話記載，而將其能力在心中無限膨脹，因而產生恐懼。同時，人也對鬼神的六通力產生無限憧憬與依賴，因而希望透過對鬼神的供奉而得到協助。也因此，一般民間庶民喜歡祭祀，但供養的可能是正神，也可能是大鬼，乃至一些投機取巧的遊靈、邪靈（孤魂中的流氓），**分辨方法**有以下幾種：

❶愈趨於法供養（即意思食與識食，如誦經、禱告）乃愈高級之正神；愈低等的鬼愈趨於物供養（即粗搏食、紙錢香火），乃至邪靈則尚殺生血食。

❷愈趨於清靜修行、服從天地理法者，乃愈高級之正神；喜以交易賣弄法術、改運，乃至邪術者，為愈低等鬼族，乃至為邪靈。

❸其精神愈趨於「萬物」平等者，愈高級；愈趨於人類主義或自私、牟利的，愈低級。

❹大廟因定時誦經齋戒布施，故感應到的以正神為多；私壇多以物供養交換法術，故招惹到的以大鬼與邪靈較多。但以上並非絕對，如大廟的主事者心術不正，貪汙廟產，斂財騙色等，正神亦會離開，這時大鬼或邪靈便趁虛而入；而私壇道士如心術仁正，法供如儀，也可供到正神。

人祭拜神，有何根據？還是只是心理作用呢？這必須討論到天界與鬼界的生態結構。宇宙形成次序是：無色界、色界、欲界；《增一阿含・創世經》記載，人原本居於色界的光音天（二十八天中的第十二天），但因貪食地球食物，因而墜落於此；而《法華經》則說，人的我念、有念、愛念、執念每況愈下，所以終至「五濁惡世」。可見，早期生靈也是由無色界、色界、欲界向下墮落的，而非由欲界向上提升的，所以，更為高級的生靈早已存在，人類還算是滿後期才出現的，縱使沒有人類的供養，高級生靈自有其生存的生態與資糧，且色界以上生靈並不食粗摶食，所以人類供養的，其實只是跟自己位階相近的地球上鬼神。

然而，雖然**高級生靈比人類更早出現**，也早有自己的生存生態，但並非對人類世界可以棄之不顧，因為三界同源，人類是個麻煩製造者，隨時有可能毀滅這個世界，影響祂們的生態，使祂們不得不加以伸出援手。另外，欲界中的這些眾生，其實也是由上層墮落下來的，算來原本也是同種，故因而也有救助的道義。

如前所言，三教對鬼神的看法並不一致，如與上列觀念整合則可知道：基督教與清靜佛教偏向與更高等的神靈溝通，修行的方式在於以意識澄明的方式獲得心靈的救贖、解放與清滌，因而逐步放下執念，漸漸返回更高的型態，而密宗、道教、鬼神道偏向與欲界或地球上之鬼神溝通，目的偏向處理俗世中的人鬼神問題。今分四個層次來說明與神溝通的方式與效應。

✷色界以上諸神

地球生態屬欲界，也就是所謂的「五濁惡世」，色界以上的生靈已經脫離欲界，不會大量參與欲界虛妄紛沓事務，這是可理解的。所以，唯有修行高深的人能與色界生靈透過深度的禪定（三昧）以識力溝通，而溝通的事項也以「法」、「理」為主，而非一般世俗雜務。

欲界六天諸神

欲界天人依佛經記載，雖需食物，但食物自現，故並不需人類以物供養，依現代科學角度言，宇宙到處充斥的各種資源、能量、場力已儼然自足，更有甚者，天人如貪食世俗供品，反而可能墜於地界（如人從光音天墜落地球）！所以人類如欲供養天神，以法供養為宜，天人不食人類供品。

因為三界同源、同種，所以與五濁惡世同屬欲界的正善天人，即肩負大部分的救贖人類工作，而且任務以教化為要務，如因而形成一個專職「行政部門」是可理解的（祂們自己也有天界事務）。然而，高等生靈要溝通低等生靈容易，但低等生靈要完全且正確的接受、解讀高等生靈訊息則不容易，亦即，人並無法確實領略天人的意識。所以，這時天庭必須透過在地界中尋找能力好、心性善良的靈體為其代言（理）人和團隊來傳遞或執行祂們意識。

地界諸神

天人並不需要也不能貪食人類的供品，因此，人類祭祀的主體是地界諸神（以下稱「地神」），亦即天庭選定的代理（言）人。地神需要人類供品嗎？據佛經記載，鬼道中有一種大餓鬼，口大、咽小、頸細、腹鼓，故有腹欲飢渴但無法進食，食物放入口中則變為滾銅熾鐵，飽受飢渴之苦。由此可知，低等的鬼，沒有粗摶食雖仍能生存（可吸收細觸食），但卻會處於飢餓、羸瘦、病憊、痛苦、每況愈下的狀態，如能補充粗摶食則可飽足。而地神當然高級很多，細觸食雖可維生（等同天人），但如能供應粗摶食，則可更加飽足與美味（終究為「欲界」地界生靈，欲性與欲行尚未全除）。

所以人類供品祭祀確實可達供養地界鬼神之效，而這也是宗教學上，鬼神可享受人間煙火供養的緣故，也是為何鬼道會偽裝成神靈騙取地界香火供養之因了。地神在天神指派下，一面執行任務，一面享受香火，任滿後就依輪迴而去。

祭祀真能改變什麼嗎？所謂：凡事皆有「定數」，這個定數就是「因果」，既種因，則得果，**佛力不及業力**，誰又能更改既成的因果事實呢？《藥師經》亦明說，人壽自有定數，藥師佛能救助的是八種橫死之人（因其定數未至），或在定數未形成之前，虔心向佛，懺悔行善布施，仰佛神力以及善念善行之因，而修得善果，延壽樂生！天神依理法而行，地神從之，重在教化人心、啟發善念，鼓勵善行，心轉則境轉，命運因而逐漸改變。而在公共事務上，因擔心遊魂聚集騷擾民生，天神亦請地神及其團隊定期代為綏靖四方及超渡亡魂，使人能安居樂業。

而在私人俗務上，民間認為可以施法改變命運，或以法術立即改變事實的，如挽回婚姻、求姻緣、催生子女、補財庫、斬桃花……，因為這些屬於濁世妄相，不為天理法則，所以從事這些工作的，其實是並非正神的大鬼，這在下段討論。

神像與符籙

地神雖在地球中，但因組成物質微細，人類無法明確觀察祂們的存在，於是便習以神像來取代，並對神像膜拜誦經供養。然而，神像之所以有靈，並非對雕像膜拜的結果，而是神靈附在其上接受供養，如果神識離開了，木頭還是木頭，猶如人的神識離開肉體，那肉體就只是四大合成之物而已，所以，人並非對神像膜拜，而是對神靈膜拜。其實，愈高級的生靈六通力愈強，人只要虔誠以識力感應，祂都能感受得到，但一般人不諳此理，或識力不足，故需以重重儀式來不斷對神像加以昭告（所謂「儀式」，是一種傳統操作下來，統整後認為比較有秩序、有效的方式）。

而民間習俗習慣以佛神像、符籙或咒語來避煞招吉，這有用嗎？這個道理與上面的例子是一樣的，如果神識沒有進來，神像還是木頭而已。佛神像、符籙或咒語，如未經神明的認可與加持，那就只是一張畫紙而已，雖然有些小鬼可能望相生懼，但對大鬼可不管用。而經過神明認可與加持的，就猶如**正式公文**，表示這是祂的巡狩區，這樣便能增加避煞招吉的效果，但雖如此，還是必須經常去膜拜「發文」的神明，或對佛神像、符籙、咒語感應，否則效果就日趨荒廢，最後也是一張畫紙而已。

人鬼互動

鬼在與人類的互動上，由等級高低可分為下列幾項，分別討論之。

✷大鬼

大鬼可能是阿修羅、鬼族中之大者或傍生的精靈，能力比一般鬼大，但因其不明天理正法、心性未定，所以不能成神，但因有些能力，可在一些管理不健全的廟宇、私人神壇為人「辦事」，交換供養，並滿足一些人類世俗雜務的需求。祂們是「體制外」的供養，沒有任期制，端視和供養者的關係如何。

因其心性善惡可分成善的大鬼與惡的大鬼。善的大鬼會透過道士、乩童、鸞生等代理人以自己的六通力指點信徒一些事務，雖還算循道而行，但終究不透徹天理。惡的大鬼則可能運用六通力做一些違反常理或善良風俗的事，或如鬼之角頭一般成群結黨、擴張勢力，在鬼界惹是生非、與正神對抗，或達成「恐怖平衡」，儼然成為「冥界黑社會」。

大鬼辦事成效如何？雖然民間繪聲繪影，但整體而言，大鬼雖有些六通力，能知道些許已發生的事，但也無法改變現況或未來，因此無濟於事，況且其六通力準確度終究不足構成辦事依據，意即「效度偏低」，否則凡事求神問卜即可，何需科學辦案？

執靈

執靈是孤魂野鬼，因故未入輪迴、轉六道，大抵是太過執著世間情愛與存在、心懷劇烈怨恨等因素，久而久之，能力趨強，熟稔人鬼生態，便以大鬼的模式受人供養，也多進入私宅的佛堂，偽裝成神明、祖先接受供養，驅趕不易。執靈亦有善惡之分，辦事成效比大鬼還低，基本上不足取。

在六道中，鬼道是比人、傍生還低等的生靈，但人卻多怕鬼，此理就如，應該狗怕人，但人因為未知，或心識薄弱而心生畏懼，反而變成人怕狗，而狗就欺負懦人了！此外，鬼因為不是人的身體結構、思考模式，並且不與人居，最主要是等級低，已經不若人的理性思維，甚至沒有高等動物的靈性與聰明，因此臺灣民間諺語說「死人番」，祖先的鬼魂也可能因為欲意索求而加害子孫，野鬼就更不遑多讓了，**切莫以人的立場思考鬼！**

總而言之，縱使是「善鬼」，也最好人鬼殊途，以免陰陽相剋，渡鬼也是神的事，絕非人力所及（除非高級修行人）。雖然人的能力大於鬼，但個案而言，如果人的識力弱，或群鬼攻擊個人，就會受其影響了。

孤魂

孤魂亦是執靈，但為新手，能力弱、辨力差，於山野林間、海邊水岸流連，有些會進入人的家中停佇，而會進入亦有理由，如：這原本是祂留戀之處、建屋前為久荒之地即長佇於此、房屋久未住人之前即久佇於此、屋宅陰氣極重適合鬼居、宅中有人唸經望其超渡、宅中有香火外洩前來分食……，一般而言，孤魂心智低，驅趕容易，但若孤魂群聚，則也相當棘手。

佛道處理鬼魂之道

如寺廟、家宅疑遭鬼魂入侵，有道教與佛教處理方式。

臺灣道教的法師分成兩種，一種是辦理吉慶儀式、廟宇做醮，職責多偏向神明和活人事務，俗稱「紅頭」，屬「三奶派」；另一種則是處理亡者與鬼魅事務、普渡法會的法師，稱為「黑頭」，屬「法主公派」。他們同出於閭山派，俗語說：「紅頭渡生、黑頭渡死。」大致就可看出兩者差異，不過一般的驅邪制煞、收驚安胎、起土收煞等，兩者都是有從事的。道教方式偏向恩威並用，誦經恭請天神天將，大擺軍陣以威嚇，再以講理（經）、做功德、紙錢、供品懷柔之，令其離開，或回歸輪迴之路。

佛教則是師父為其「超渡」，便是誦經恭請佛菩薩降臨為其說法以求懺、開悟，並為其布施、放食做功德來減輕罪孽，再請佛菩薩帶其回歸輪迴或前往淨土修行。（如前所言，鬼的心智低，非一般人所能溝通講理，故需請神為之。）

佛道儀式雖不同，道理則相仿，一來對「當事者」威嚇懷柔，二來祈請更高的神（此神可能是天神，可能是地神，視狀況而定）來指引這些鬼魂何去何從。至於成效如何，關係在道士、法師的功力和鬼魂離開的意願。道士、法師並不是大能力者，也不是執行超渡或驅逐的人，他是神的代理人，他的識力如果夠強，便能明確與神溝通、請神主事，使鬼魂在神的勸導及執行下回歸該去之處。鬼魂如果執念太強，可能如當初一樣繼續逃脫，但也可能因為歷經風霜已有悔悟，在神明威脅利誘下回歸正途。

但如果請到善的大鬼或執靈來超渡，無疑的，沒有說服力，因為祂們本身就是「體制外」的鬼魂；如果請到惡的大鬼或執靈來超渡，便是鬼打鬼，或鬼的黑社會來圍事，說不定鬼魂真給打跑了，無怪乎民間驅鬼，喜歡找凶猛的「神」呢！

若遇鬼入侵，雖然鬼打鬼也有效，但最好還是請神來對「當事者」威嚇懷柔。

結論

死為鬼神，生為人，原本是輪迴不易的歷程，人人都經歷過，但因為「遺忘」，而對其因為未知、擔憂而感到恐懼。但人如能「養成意識平靜與集中，行無不善」（這其實就是紅塵中的修行），則本身的「正善識力」會愈來愈強大，也可愈來愈無有恐懼，遠離顛倒夢想，並且善神來、惡鬼離，甚至能承擔救贖眾生的重任，而或許這才是生命的意義。

（原文為〈宗教與民俗中的鬼神觀〉，原載《歷史月刊》民國九十八年六月號）

天文、星君崇拜與星命學

天文學、星君信仰和星命學（本文專指紫微斗數）三者都涉及天上的星曜，雖然天文學是科學的，星君信仰是宗教的，而星命學則是祿命的，但三者卻有脈絡可循。亦即，天文學研究天上所有星曜的分布與活動，真實記錄星曜的概況；星君信仰則將天文學結合五行理論和神祇崇拜重新架構星斗；星命學則藉由這些星曜信仰來進行祿命批算之術。

五方、五斗、五極、五天

漢族天文學很早就極為發達，周公時就設天文官與天文臺專門研究，到了漢初，整個天文架構就齊備了。古漢族天文學將天空分成「三垣」，分別是紫微垣、太微垣、天市垣；或四象，分別是東（青龍）、南（朱雀）、西（白虎）、北（玄武），而四象又各有七宿（星座），所以天空就有二十八宿，即二十八個恆星或星座，涵蓋了天空所有的恆星，而星曜和星座也無可避免的成為被崇拜的星君。

最原始的五行（五方）信仰概念是「五方五老」，亦稱「五帝」，由「東南中西北」（一般由龍邊至虎邊的排列順序）分別如下：

	西	北	中	南	東
顏色	白	黑	黃	紅	青
物象	金	水	土	火	木

五老	金母老	水精老	元黃老	赤精老	木公老
五帝	皓靈皇老君	五靈玄老君	元靈元老君	丹靈真老君	青靈始老君

但因為天文學發達，所以五斗星君信仰便取代五帝，「五斗」便是東斗、南斗、中斗、西斗、北斗，其實「五斗」是五個星空劃分區，各有許多星座和星曜，但民間習慣認為五斗是「五斗星君」，算是擬神化崇拜。

後來更因為人們崇拜上帝的習俗，所以在五斗之外，又提升到「五極」帝君崇拜，分別是：東極（青華帝君）、南極（南極大帝）、中極（昊天玉皇大帝）、西極（太極天皇大帝）和北極（紫微大帝）。

五極大帝加上后地皇土便是「六御」。而在民間信仰上，百姓把最熟悉的帝后組成「五天」，分別是：東天（東華帝君）、南天（關聖帝君）、中天（玉皇大帝）、西天（瑤池金母）、北天（紫微大帝）。

星曜在科學、宗教和算命

天文學上原有北極星和北斗七星、南斗六星（沒有南極星），它們各有天文學名稱，但因為宗教信仰關係，這些星被賦予「星君」的神格，也各自有了新的星君名稱。到了星命學，這些北、南斗星君打破原有編制，混成紫微星系和天府星系，詳見下表。

斗位	天文位置	漢族天文名稱	西洋天文學名	星君名稱	佛教東方藥師七佛	紫微斗數位置
北斗	北極星	天極星	The Imperium	紫微		紫微系一
	北斗一	天樞星	Dubhe	貪狼	最勝世界運意通證如來佛	天府系三
	北斗二	天璇星	Merak	巨門	妙寶世界光音自在如來佛	天府系四
	北斗三	天璣星	Phecda	祿存	圓滿世界金色成就如來佛	輔星
	北斗四	天權星	Megrez	文曲	無憂世界最勝吉祥如來佛	輔星
	北斗五	玉衡星	Alioth	廉貞	淨住世界廣達智辨如來佛	紫微系六
	北斗六	開陽星	Mizar	武曲	法意世界法海遊戲如來佛	紫微系四
	北斗七	瑤光星	Alkaid	破軍	琉璃世界藥師琉璃光如來佛	天府系八
南斗	南斗一	殉星	φ Sagittarius	天府		天府系一
	南斗二	妖星	Kaus Borealis	天相		天府系五
	南斗三	義星	μ Sagittarius	天梁		天府系六
	南斗四	仁星	σ Sagittarius	天同		紫微系五
	南斗五	將星	τ Sagittarius	天樞		（無）
	南斗六	慈母星	Ascella	天機		紫微系二
中天	黃道	太陽	The Sun	太陽		紫微系三
	白道	太陰	The Moon	太陰		天府系二

天文星曜

北極星和北斗七星在天文學上的名稱依序是：天極星和天樞星、天璇星、天璣星、天權星、玉衡星、開陽星及瑤光星。而南斗六星（沒有南極星）分別是：殉星、妖星、義星、仁星、將星、慈母星。

星君名稱

在星君信仰上，北極星和北斗七星名字分別為紫微和貪狼、巨門、祿存、文曲、廉貞、武曲和破軍。而南斗六星分別是：天府、天相、天梁、天同、天樞、天機。另外還有：中斗三星，東斗五星、西斗四星，和中天太陽、太陰。星曜在星君信仰上異於天文學的名字和特性，乃來自佛教《大藏經》圖像部中與星斗崇拜有關的典籍，如《北斗七星唸誦儀軌》、《佛說北斗七星延命經》及《大方等大集經卷第二十》等對星曜的稱呼，道教經典對星曜神君的崇拜當然也很多，兩者星君稱號完全一樣，可見**相互因襲**的成分很大。

佛經中的北斗七星

佛經中稱北斗七星為「東方藥師七佛」，分別是：南無貪狼星，是東方最勝世界運意通證如來佛；南無巨門星，是東方妙寶世界光音自在如來佛；南無祿存星，是東方圓滿世界金色成就如來佛；南無文曲星，是東方無憂世界最勝吉祥如來佛；南無廉貞星，是東方淨住世界廣達智辨如來佛；南無武曲星，是東方法意世界法海遊戲如來佛；南無破軍星，是東方琉璃世界藥師琉璃光如來佛。

另外，他們的特性如下：北斗七星主掌解厄延生，第一星天樞陽明貪狼，第二天璇陰精巨門，第三天璣真人祿存，第四天權玄明文曲，第五天衡丹元廉貞，第六開陽北極武曲，第七瑤光天衝破軍。以第一星「天樞陽明貪狼」為例，「天樞」是它在天文學上的名稱，「陽明」指的是它的特性，「貪狼」是它在宗教學裡的名字，以下同。

紫微星曜

然而，紫微斗數的星座架構和星君信仰又大有出入，這肇因於算命的需求，因為紫微斗數**不是用實際天文星曜來算命**的占星術或星命學，而是一種虛擬的「神煞學」，所以它借用了天文星曜的名字和它們的特性，來構成自己的系統。

在紫微斗數裡，紫微星系是紫微、天機、太陽、武曲、天同、廉貞等六顆星；天府星系是天府、太陰、貪狼、巨門、天相、天梁、七殺、破軍等八顆星。

至於東斗和西斗，在紫微斗數裡並沒有採用，而是改採用中天的太陽和太陰，一說太陽代行東斗的任務，太陰代行西斗的任務。這是因為東斗以東華帝君為主宰，而東華帝君是眾「神君」的總管，而太陽主陽，所以由太陽代行東斗職務並不相悖；相同的，西斗以西方瑤池金母為主宰，總管眾「元君」，太陰主陰，所以由太陰代行西斗職務一樣沒有違背。

其實紫微斗數之所以只採用南、北兩斗，和中天的太陽、月亮，是因為宗教信仰認為，「南斗註生，北斗註死」，同時有太陽和太陰崇拜，所以星宿祈福儀軌多只講此兩斗、兩星，用不到東、西斗。我們可以發現，在紫微斗數裡，不管是天文學的或信仰的星宿，都因算命的需求而打破原先的建制，自成獨特的系統，雖然如此，我們還是必須建立幾個觀念：

❶紫微斗數大體上還維持最重要的南、北二斗的形式。
❷星曜的建制雖被打破，但其特質還保持信仰上的特性，如紫微、天府仍是北、南斗的帝星等。
❸紫微斗數的星曜架構其實更「人性化」，用來算命更貼切，譬如有帝王星、佐相星、文臣星、將軍星、商人星、文人星……，根本就是人間制度的翻版。

總之，天文學和民間星宿信仰並不盡相同，而紫微斗數與它們又不相同，但儘管如此，紫微斗數還是保有星曜原本在信仰上的特性，因此這些星曜所指涉的神祇和意義並未改變。

紫微斗數非印度產物

因為紫微斗數的星曜採樣大量取自《大藏經》中的說星經典，有一派學者便認為紫微斗數是從印度傳來，但我並不認為如此。因為綜觀這些經典可以發現，它們使用漢民族的干支、農曆，四象二十八星宿的分類與名稱也和漢民族天文學完全一樣，甚至用到西洋占星術的星座和宮主（有人因而說，連西洋占星術也源於印度佛教，則言過其實），從時間的先後來判斷，這很顯然是藏密融合佛、道兩家之說的結果。

後人「偽造佛經」在佛教典籍裡比比皆是，最重要的是，佛陀反對出家人以占卜星命為業，還把它列為出家人的五不正業，所以怎會有佛說星命的書？坊間甚至還出現過佛陀指示地藏王菩薩教人占卦的「占察木輪相法」，這些都是後來因為宗教（藏密）需求，而結合當時地方星命相卜之學而來的，不能說在佛經出現過的，就都是從佛教或印度而來。

譬如，密宗不空法師所譯的星宿經典，便是將西洋十二宮占星法、印度黑白月吉凶法、中土二十八宿、時日剛柔吉凶生剋說等相揉合而寫成的。此外，藏密裡有九宮八卦咒牌，內容除了佛教的本尊菩薩，還有咒語以及八卦、星相圖，所以就有人說，易經八卦也是從印度傳到漢民族的，乃文殊菩薩所賜。但據史料證明，那是密宗大成就者蓮花生大士把密宗傳入西藏時，融合了漢、藏文化所親自設計的。又如密宗北斗信仰中的北辰菩薩名為「妙見菩薩」，足踏蛇龜，即為漢民族玄天上帝。所以動輒將宗教、玄學等歸納為印度或佛教所發源，實在大可不必。

紫微星曜與《封神榜》諸神

出於對星曜的好奇和崇拜，自然會產生許多神話，其中，又以明朝**《封神演義》**最為重要與完整，這本傳奇藉由周武王發紂的歷史，發展出一套戰爭神話，最後並將故事中的人物全部封了神。

目前民間紫微斗數的星曜，採用的是日本版《封神榜》中的星曜。

《封神演義》第九十九回姜子牙大封群神，其中與紫微斗數星曜有關的是：紫微─伯邑考、文曲─比干、武曲─竇榮、左輔─韓升、右弼─韓變、破軍─蘇全忠、貪狼─鄂順、巨門─郭宸、太陽─徐蓋、太陰─姜皇后、羊刃─趙升、七殺─張奎、天魁─高衍、天機─盧昌。

這個神話後來傳到日本，經日本人改良後又傳回漢民族，結果如下：紫微─伯邑考、貪狼─妲己、巨門─馬千金、祿存（無）、文曲─龍吉、廉貞─費仲、武曲─周武王、破軍─紂王、天府─姜皇后、文昌─鄧嬋玉、天機─姜子牙、天同─周文王、天相─聞太師、天梁─李靖、七殺─黃飛虎、太陽─比干、太陰─賈夫人。另外還有：擎羊─楊戩、陀羅─黃天化、火星─殷郊、鈴星─殷洪。

這個結果很顯然的是為紫微斗數而發展出來的，因為《封神榜》裡根本沒有陀羅、火星、鈴星這樣的名字。

現在民間紫微斗數所採用的，就是這個日本版本，這裡要強調的是，這是**日本結合《封神榜》與紫微斗數**的產物，並不是由現代某個人所創。因為這個對照是後來為了配合紫微斗數才產生的，顯然比原先的漢民族《封神榜》中人和星的個性更為貼近紫微斗數，在本書中也採取這個說法。

至於在日本封神榜沒提及的，便以原始的漢民族《封神榜》為採樣，它們是左輔─韓升、右弼─韓變、天魁─高衍、天愈（天罡）─黃真。

結論

因為不同的需求，天文學演變成星君信仰，接著演變成星命之術，後來又與神話結合，產生許多對照的歷史或神話人物，當然，愈到後期，科學的成分愈少，信仰與民俗的成分愈多。

這可分成兩方面來談，一是五斗星君、五極大帝、北斗七星君和南斗六星君等，它們已經成為宗教信仰，並為正信宗教的一部分，信仰原本就不是科學的，它講究的是相信：「共識」與「共業」的效應。所以星曜既然與神祇結合，則不管它科不科學，如果我們要接受信仰，就必須接受這些神祇；如果我們不能接受這些神祇，則就應該放棄宗教回去相信科學，如此而已。

至於紫微斗數結合《封神榜》的部分，因為並非星君信仰與正信宗教，則當然就純粹成為民俗傳說的一部分，如果把它當成一種傳奇，也不無它的樂趣。

（原文為〈天文、星君崇拜與星命學〉發表於《歷史月刊》民國九十七年十一月號）

現在常見的籤詩組合中，最少者二十四首，最多者一百首。

有趣的籤詩

臺灣道教廟宇眾多，廟宇文化中一個有趣的現象便是：籤。抽籤的學問融合**神學**、**文學**、**心理學**乃至一點**機率**，與一般的卜卦有異曲同工之妙，不同的是，它將信賴建築於自己與神之間的溝通與應允，而非陰陽之說。

籤詩體系

目前常見的籤組最少者有二十四首，最多者有一百首，中間亦有二十八首及仿天干地支六十首者。目前「專神專用」的籤詩有：「關帝聖籤」，作者預估這是清初以來關公崇拜轉變為「恩主公」崇拜後產生的，古本將其籤詩置於《桃園明聖經》之後；另外就是保生大帝的「藥籤」，但衛生署已於民國九十年明文禁止——關籤和藥籤後來也流傳至各廟沿用。另外，在臺灣信仰廣泛的觀音與媽祖，也有「觀音佛祖」與「天上聖母」靈籤傳世。

此外，似乎亦無專神專用的情況，即雖同為城隍廟，採用的籤組也不盡相同，如臺北市的省城隍廟是用六十首籤，但臺中市城隍廟卻用一百首籤。籤組採用何組當然與造廟之初採行的決策有關，而最被考慮的因素應該是場地大小，最後並經神的同意。最原始籤詩來源會託言是請駕扶鸞而來，但事實上應該是由**鄉紳創作**並因而沿襲傳用，許多現代才出現的經書也大抵如此。

籤的格式也不統一，總計可有下列幾個要項：廟名、主神名、籤號（或以干支代替）、吉凶等級、籤詩、公案（引一段歷史典故，如：包公請雷震仁宗，包文極審張世珍，用於釋籤）、解曰（如求兒大吉、經商如意……）或以東坡解代替解曰、五行有利的方向及季節。但未見如此俱全者，多為俱備其中幾項，最簡單的甚至只有籤號、籤詩而已。

首籤雖被俗稱為「籤王」，卻不見得就是大吉大利，反而有一種「開宗明義」的味道，如「籤頭百事良，添油大吉昌，萬般皆如意，富貴福壽長。」詩意頗為雋永莞爾，好像開幕詞，也不忘教人添油大吉。此外，許多是勸人看開的話，如「福如東海壽南山，君爾何需嘆苦難」、「寶馬盈門吉慶多，官司有理勸調和」、「日出便見風雲散，光明清靜照世間」，首籤中往往就點出這種東方淡泊、以和為貴、忍耐求進的思想主流，然後再構成、展開整個籤組體系。

終籤也有意思，有的籤組並不特意標榜終籤，也吉凶不定；有的卻匠心獨具，如「信心者得福，不信者得禍，百事上吉，謝油三斤」、「我本天仙雷雨師，吉凶禍福我先知，至誠禱祝皆靈驗，抽得終籤百事吉」，可謂替自己的籤組做了謝幕詞，還提醒別忘謝油三斤至誠祝禱。

至於籤詩的吉凶分級，則多有不同，可歸類為：吉（大吉、上吉、中吉、上上）、平（上平、中平）、下（下下），假使以百首籤分析，吉、中、下的比例約三十五%、三十五%、三十%，還算公平。同時可發現，除了吉籤還如上明確分四級外，中級的分級雖有偶見卻極少，同時，下下籤其實就是下籤，約三十%的機率，抽中者切莫以為真的時衰運戾給百中取一了；而中了上上籤也不用高興，因為它的排名只是中間偏上，真正的大吉籤則只有一兩支。不過現在廟宇的籤詩已經紛亂，不見得符合上述的情況。近年來因知識普及，人人識字，但世風日下還是人人自危，是以求神之風方興未艾，可惜多數人仍不知如何看待籤詩，原因如下：

❶多數籤詩因為要項未全，甚至連解曰也沒有，故吉凶難判。

❷縱使有解曰，但所問不同，籤詩有時也會做不同的解釋，如「雲開月出正分明，不需進退問前程。」籤下的解曰：「求財大吉，凡事後成。」這可含糊了，不知做生意這檔事到底吉不吉？

❸至於吉凶雖已標定的籤詩，人往往也會為如此模擬兩可的話、似懂非懂的含意而感到疑惑不決，故而三心兩意。

❹詩還會大量引用歷史典故、民間故事，這對現代人真是一大挑戰。

❺籤詩大量互相襲用，幾經口述與手稿，不免手誤，日久之後詩句更拗口難懂，難以了解。

雖然籤意模糊不能滿足人類追根究柢的好奇心，但從另一角度看，卻較符合哲學的自省原則。但如能了解前人設籤的動機與用心，也就不難藉以了解到底得了什麼忠告。現在我們來研究幾首典型的籤詩以一窺大綱。

究其吉凶

「兀坐幽居歡寂寥，孤燈掩映度涼宵，萬金忽報秋光好，合計扁舟渡北朝。」這可是大吉之詩，想不到吧！雖幽居寡歡、孤登伴月，卻傳來一紙家書，告訴你秋天啟程正好北上赴京趕春試，那還等啥？否極泰來，二話不說馬上走人！所以問事不宜遲，問功名在望，問婚姻可成。

「君爾寬心且自由，門庭清吉家無憂，財寶自然終吉利，凡事無傷不用求。」不要看此詩清吉無憂、財寶自然，就以為是吉，其實它的一個先決條件便是：心裡已經有病了！所以才勸要寬心自由，不過還好的是，天下本無事，庸人自擾之，看開就無事了，同時它的隱喻便是不要躁進，守成為宜，等待時機。若問功名當然還要努力點，成功可期；問婚姻坦白誠實，應可打動芳心，是一個比較有勝算的「條件說」（如果……，就會……）。

「三千律法八千丈，此事如何說與君？善惡兩途子自做，一生福禍此中分。」此詩說，雖律法雜沓難說，卻善惡兩字立判，人生福禍存乎一心而已！很多人會說此豈非廢話？命理學最愛搞如此模擬兩可的話語，但諸君想想，恨鐵不成鋼，愛之深責之切時，會如何說呢？其實大抵也就是這樣，此詩無非提醒人再反省，該反省者，是好還是壞呢？

「名利求謀事不祥，病有鬼祟不離床，全憑作福求天佛，門內神明燒一香。」謀事不成、有病不癒，若以為神明指點了迷津，教人去燒香拜佛即可消災那可就錯了。它的意思是說，事既至此，只有多積陰德求老天了，不是下籤是為何物？不過，中籤之人當然不見得就是缺德之人，事務若不成，宗教必然教人多積德，實務上，仍需要再努力不懈。

「南山籬下好安居，若問終時慎其初，侃笑包藏許多事，鱗鴻雖便莫修書。」不要看南山籬下好安居，其實這不是好籤，甚至是下下籤，因為平時與世無爭，卻因一點小事或閒言，已經惹禍於當初。當然，也可用另一個角度來看，如果正想肇業，計畫恐要重新檢討，並要在謹言慎行，切莫談笑用事、聽信饞言、與人爭長論短。

上面介紹的是一般的隱喻型，諳了技巧就不難體會，其餘的則大致能一目了然，如「根實籤詩解讀不需要鑽之隻字，應取其隱義。

枝葉茂，林多格式高，經營多得利，蘭蕙似蓬高」是好籤，「勞心泊泊竟何歸，疾病兼多是與非，事到頭來總是夢，君爾何知進與退」是壞籤。

籤詩的吉凶等級分類

如前所述，籤詩幾經流傳手誤確實有點拗口，故無需鑽之隻字，應取其隱義。以下將籤詩分成幾種類型，也可視其為是吉凶的順序等級，將來抽到籤詩不妨將之歸類，很快便知福禍。

．喜樂全會型

「寶鏡團圓似明月，琴瑟合鳴暢我情，婚姻商賈皆得意，登科一舉狀元名。」四句中句句讚頌，科名利祿人圓花好，已經是最高的祈祝，但不見得穩中狀元郎，隱喻大吉而已。如前的「根實枝葉茂」則是次高的祈祝，但都是喜樂全會了。

．否極泰來型

「崔巍崔巍復崔巍，履險如夷去復回，身似菩提心似鏡，長安一道放春回。」這樣的詩雖前面歷盡滄桑，後面卻告訴人京城已傳出捷報，盡管淨心吧！所以實已否極泰來得從此進入坦途，前面的「兀坐幽居歎寂寥」也是同樣的意義，已經能寬心放手一搏也就是龍離淺灘之時，頗可祝賀！

・**稍安勿躁型**

「樽前無酒且高歌，時未來時奈若何？白馬渡江嘶日暮，石頭城裡看巍峨。」同前的「君爾寬心且自由」一樣，是勸人先要忍耐一陣子的，重要的意義是，它是一個有利的條件說，也就是，如果再等一陣子（當然也還得用功一陣子），勝算還是頗大的，但如果還是天天唉聲嘆氣那可就不一定了，當然，這樣的詩比例最大，不知是勉人，還是多數人的氣數就合該如此。

・**勸人為善型**

「佛說掏沙始見金，只緣君子不勞心，榮華終得詩書效，妙裡工夫仔細尋。」只說掏沙才能得金、讀書才能得得榮，君子莫急，下下功夫吧！可以發現，此籤裡並未給什麼祝禱或預言，也未置福禍，同前的「三千律法八千丈」，所以可說是一個還要很下功夫，甚至要多自省的條件說，中者也多宜從頭三思。

・**自求多福型**

「總是前途莫心愁，求神問聖枉是多，且看雞犬日過後，不須作福事如何。」這首詩說，求神問卦都是多餘的，如不再多做善事，到了年（日）後，自己看看有什麼下場吧！與前的「名利求謀事不祥」、「南山籬下好安居」一樣，除了直言不祥、勉人積德、再努力、謹言慎行外，上天有好生之德，經過一番淬鍊，事情或有轉圜之機。

・天羅地網型

「鐵船過海浪頭狂，鬼門關上遇無常，爾欲知此災禍殃，孔子在陳必絕糧。」與喜慶全會恰成強烈對比，四句無一倖免，這可能才是真正的下下籤，連一點補救的機會都沒有，此與前面的「勞心汩汩竟何歸」一樣，就直言教人放棄了，或換個頭從新開始會好些。

零和效應

眾人最關心的一個問題便是：籤詩靈否？這是見仁還是見智的問題？是信還是不信的問題？有待科學及更精密權威的統計研究證實，但古人透過這樣的數學及哲學「遊戲」以傳達心理治療的效果是無庸置疑的，縱使目前的科學尚未能辨識籤詩靈驗與否的真偽，但從文化人類學的角度觀之，卻不難發現它的價值。試想，今日問某事得到上吉，明日問他事誰又包準不得下下籤？反之，今日得一下籤，經過省思悔改再求，明日又豈沒有得上籤的機會？或許，每個人從籤詩中得到的讚美鼓舞、善意恐嚇最後將幾乎等量，即抽中吉凶的正負效果和會是零，所以我們得到的不是吉凶的結果，而是善惡的思辯過程，而神只是一個提供省思者，絕非參與者。

從此不難了解一個問籤心態：當人虔誠面對自己時，神提供了一個**「前設」結果**，讓我們先假設知道未來，而不論站在哪一個未來的角度看現在，無疑都會比在當局時更清楚該怎麼做，甚至因而改變現在的抉擇。若能思及當下的情況，可能就會稍微修正現在追求、競爭的心態，改以意義、快樂的角度過生活，此即前設結果的好處，讓人以年長的心情用思考多活一遍。

若站在族群的整體角度來看，此零合效果會更明顯，因為吉、中、凶比例幾乎相等——在大數法則下，神提供給此族群的機會其實是零。但我們也發現，凶的比例還是較低，故又不難明瞭，神或前人預言中的未來是會緩慢進步的，且其性質或方式偏向自省、忍耐、寬容與信仰。而期待變得平和中庸、行善祈福，是因為老前輩們認為這是個人與族群最好的生存方式。

（註：本文中之籤詩，多以典故及韻腳盡量修正過。）

結論

現在是否已經覺得，籤不如想像中那麼神祕？甚至人性化得就像一位慈祥長者的慧語？我們也可將籤詩視為神明的語言，發現祂在想像中的黑白分明、鐵面無私外，還是有苦口婆心、嘮叨可愛的一面？當然，宗教也可能是這個族群用來傳承傳統與生活法則的方法，或是教化或延續智慧的方式，無論如何，都更添增了宗教的可愛。

當然，籤詩靈驗的可能性也並未消滅，但這更能證明前人的智慧與關懷子孫的苦心了！對愚昧貪婪的人來說，信信宗教也不錯，對於鎮日惶惶的人來說，讓神明給他一點建議亦非壞事，畢竟「十方佛法有靈通，大難禍患不相同，紅日當空常照耀，還有貴人到家中」啊！

（原文為〈籤詩的架構、內涵及社會文化意義〉，原載於《歷史月刊》民國九十八年九月號）

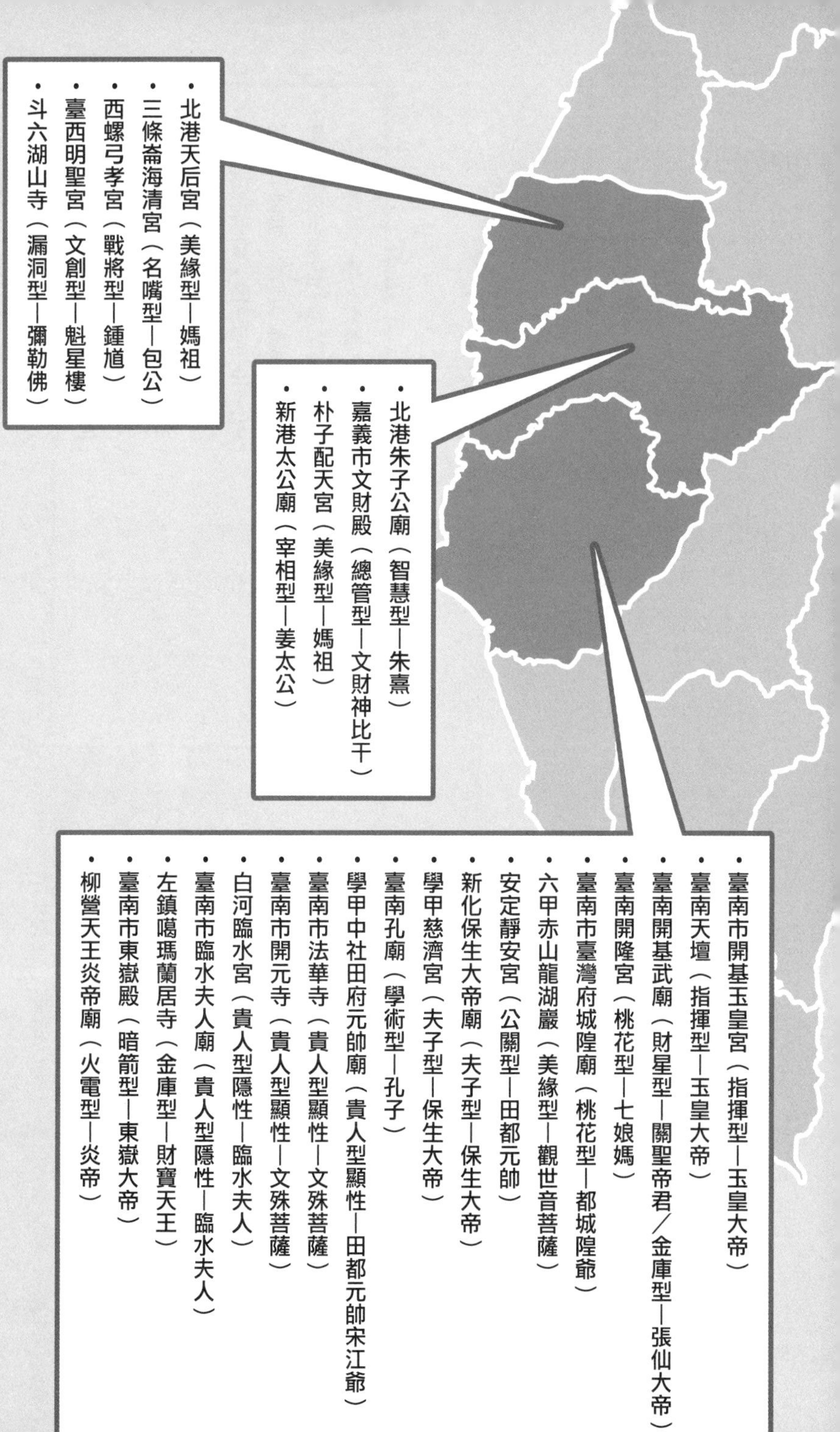
・北港天后宮（美緣型—媽祖）
・三條崙海清宮（名嘴型—包公）
・西螺弓孝宮（戰將型—鍾馗）
・臺西明聖宮（文創型—魁星樓）
・斗六湖山寺（漏洞型—彌勒佛）
・北港朱子公廟（智慧型—朱熹）
・嘉義市文財殿（總管型—文財神比干）
・朴子配天宮（美緣型—媽祖）
・新港太公廟（宰相型—姜太公）
・臺南市開基玉皇宮（指揮型—玉皇大帝）
・臺南天壇（指揮型—玉皇大帝）
・臺南開基武廟（財星型—關聖帝君／金庫型—張仙大帝）
・臺南開隆宮（桃花型—七娘媽）
・臺南市臺灣府城隍廟（桃花型—都城隍爺）
・六甲赤山龍湖巖（美緣型—觀世音菩薩）
・安定靜安宮（公關型—田都元帥）
・新化保生大帝廟（夫子型—保生大帝）
・學甲慈濟宮（夫子型—保生大帝）
・臺南孔廟（學術型—孔子）
・學甲中社田府元帥廟（貴人型顯性—田都元帥宋江爺）
・臺南市法華寺（貴人型顯性—文殊菩薩）
・臺南市開元寺（貴人型顯性—文殊菩薩）
・白河臨水宮（貴人型隱性—臨水夫人）
・臺南市臨水夫人廟（貴人型隱性—臨水夫人）
・左鎮噶瑪蘭居寺（金庫型—財寶天王）
・臺南市東嶽殿（暗箭型—東嶽大帝）
・柳營天王炎帝廟（火電型—炎帝）

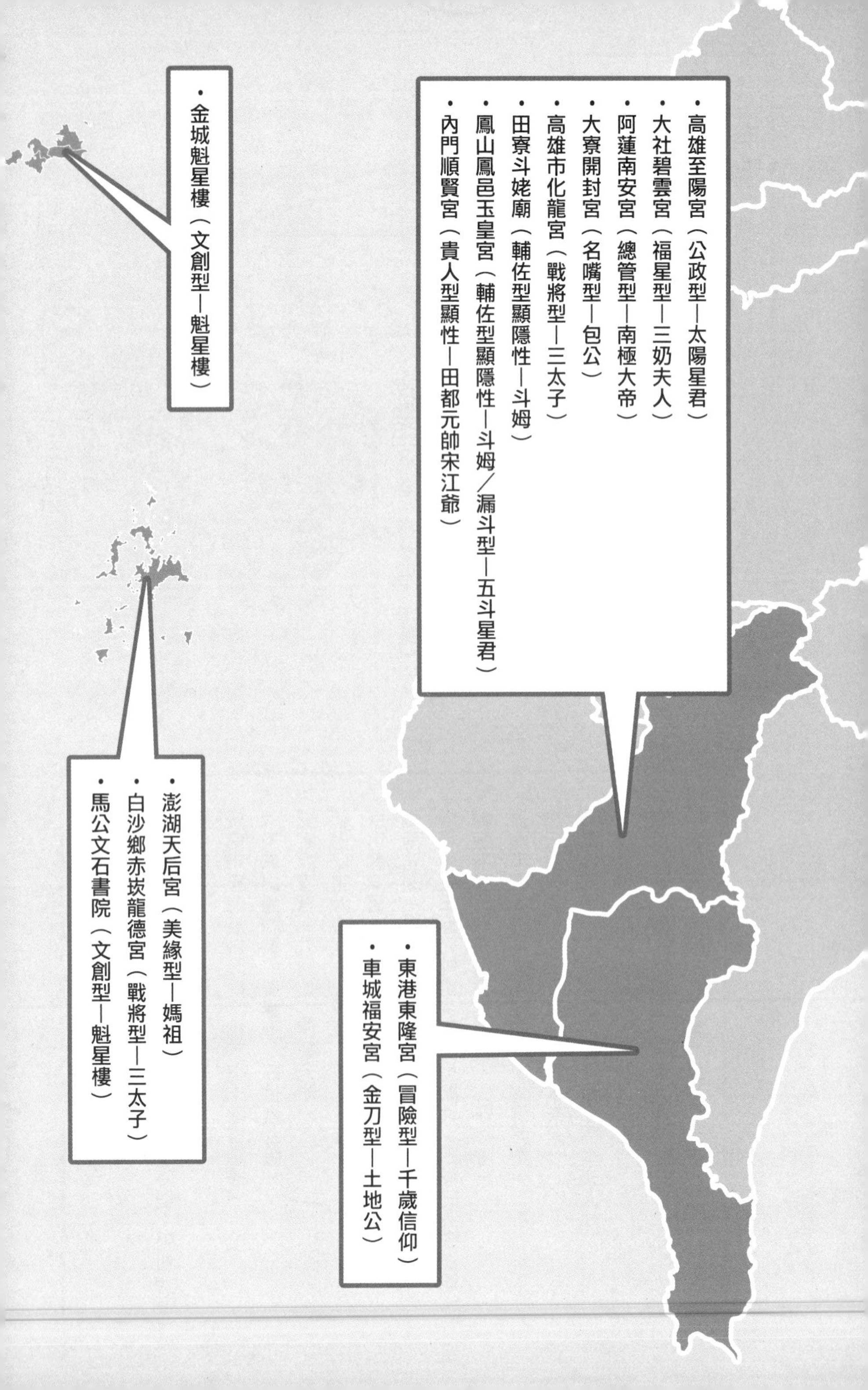
・高雄至陽宮（公政型—太陽星君）
・大社碧雲宮（福星型—三奶夫人）
・阿蓮南安宮（總管型—南極大帝）
・大寮開封宮（名嘴型—包公）
・高雄市化龍宮（戰將型—三太子）
・田寮斗姥廟（輔佐型顯隱性—斗姆）
・鳳山鳳邑玉皇宮（輔佐型顯隱性—斗姆／漏斗型—五斗星君）
・內門順賢宮（貴人型顯性—田都元帥宋江爺）
・金城魁星樓（文創型—魁星樓）
・東港東隆宮（冒險型—千歲信仰）
・車城福安宮（金刀型—土地公）
・澎湖天后宮（美緣型—媽祖）
・白沙鄉赤崁龍德宮（戰將型—三太子）
・馬公文石書院（文創型—魁星樓）